Grundlagen des Pistolenschießens

Durch Training zum Erfolg

Herbert PUCHER

Impressum:

2. Auflage

Autor: Herbert Pucher

Umschlaggestaltung, Illustration: Druckerei Niegelhell GmbH

weitere Mitwirkende: siehe Danksagungen Schlusswort

Druck und Vertrieb im Auftrag der Autorin/des Autors:

Buchschmiede von Dataform Media GmbH, Wien

www.buchschmiede.at

ISBN: 978-3-99070-981-8

Printed in Austria

Fotos:

Grafik „Revolver/Pistole“ Seite 29: omnimoney/123RF
Foto „Patrone“ Titelseite: jirkaejc/123RF

alle übrigen Fotos: Helmuth Weichselbraun

Quellenverzeichnis:

Ausschließlich der Autor selbst!

Dank an alle meine Freunde,
die mich durch sehr viele Gespräche unterstützt haben!

Training beginnt man dort,
wo andere glauben
bereits fertig zu sein.

Herbert Pucher

herbi.pucher@gmx.at
www.herbert-pucher.at

Inhaltsverzeichnis

Ich möchte ausdrücklich darauf hinweisen, dass die Inhalte dieses Buches keinerlei Anspruch auf Vollständigkeit erheben und selbstverständlich von anderen Meinungen zu verschiedenen Schießtechniken abweichen können! Dieses Buch ist mit Sicherheit *„nicht der Weisheit letzter Schluss“*, doch ein sehr gutes Hilfsmittel für all jene, die sich in vernünftiger Weise mit den Grundlagen des Pistolenschießens befassen möchten. Und denen wünsche ich viel Spaß dabei!

1.)
Der Autor (Jahrgang 1966)

Nach fast 5 Jahren Ausbildertätigkeit im Militärdienst habe ich mich im Jahre 1990 entschlossen, der damaligen Österreichischen Bundesgendarmerie beizutreten. Da mir *Ausbildung* immer schon wichtig war, setzte ich meine Tätigkeit als Schießtrainer - nach diversen, fachspezifischen Kursen mit abschließenden, kommissionellen Prüfungen - auch bei der Bundesgendarmerie und der Bundespolizei fort. Seit 1995 als Schießausbilder zu arbeiten und privat dem Hobby *Schießsport* nachzugehen veranlassten mich, meine gemachten Erfahrungen und umfangreichen Recherchen in diesem Nachschlagewerk zusammen zu fassen.

Hier geht es um fachlich fundierte Trainingsmethoden, sowie praxisbezogene Bewegungsabläufe, die die Grundlagen für ein vernünftiges, sportliches Schießen sind. *Wildwestmanieren*, *Kriminalfilm-Schießereien*, *kriegsverherrlichendes Drauflosballern*, sowie *mangelhafte Selbst- bzw. mangelhafte Impulskontrolle* haben hier absolut nichts zu suchen!

Unzählige Stunden habe ich auf diversen Schießanlagen verbracht, stets mit dem Hintergedanken, meine persönlichen Fähigkeiten im Schießen - durch diverse Recherchen und Erfahrungsaustausch mit anderen Schützen - zu vertiefen bzw. zu festigen. Dies hatte für mich den Vorteil, manche von mir selbst trainierten und sorgfältig überdachten Methoden als Ausbilder, zusätzlich zu den dienstlichen Vorgaben und Erfordernissen, an meine Kollegen weiterzugeben.

Wichtiger Hinweis in eigener Sache:

Wer sich in diesem Buch Ausbildungsmethoden erwartet, die *österreichischen, polizeilichen Ursprungs* sind, den muss ich an dieser Stelle enttäuschen, denn man wird sie in diesem Buch mit Sicherheit nicht finden! Dies könnte ich hier auch nicht gebrauchen! Meine Motivation zur Verfassung dieses Buches war es außerdem nicht, *„dienstliche Ausbildungsmethoden“* der breiten Öffentlichkeit zugänglich zu machen, sondern meine *eigenen Trainingsmethoden* und gemachten *Überlegungen*, *Recherchen* bzw. *Erfahrungen*, und auch Ideen von anderen Sportschützen in diesem Nachschlagewerk zusammen zu fassen. Außerdem vertrete ich sehr streng die Ansicht, dass *„dienstinterne Ausbildungsvorschriften“* in der Öffentlichkeit nichts zu suchen haben!

Allerdings werden gewisse Elemente der Waffenhandhabung, welche *weltweit* gleich ablaufen bzw. trainiert werden, auch in diesem Buch zu finden sein!
Hier habe auch ich das Rad nicht neu erfunden!

Um es auf den Punkt zu bringen: Hinter diesem Buch steckt sehr viel Arbeit!

Nicht selten war es vorgekommen, dass ich am Abend eines intensiven Schießtrainingstages meine Arme deutlich spürte. Aber nur durch äußerst intensives Üben von Fertigkeiten und mit sehr viel Fleiß ist es möglich, diverse schießtechnische Bewegungsabläufe ins Unterbewusstsein bzw. ins *Muskelgedächtnis* einzutrainieren. Sehr viele Gespräche und viel Erfahrungsaustausch mit Gleichgesinnten, sowie diverse Recherchen haben mich dabei unterstützt, meine Erfahrungen auf Papier zu bringen.

Speziell die Arbeit mit jungen Polizeischüler/innen war mir immer sehr wichtig! Denn genau dort legt man den Grundstein für gute (oder auch schlechte) Schießleistungen. Präzises Arbeiten und intensives Training in der Schießausbildung, sind gerade hier in diesem sehr heiklen Bereich eine absolute Notwendigkeit, um jungen Menschen den sicheren Umgang mit Waffen zu vermitteln. Ganz abgesehen von den rechtlichen Bestimmungen, welche gerade in der Anfangsphase - aber auch darüber hinaus - einer guten Ausbildung sehr zu beachten sind, und nicht vernachlässigt werden dürfen.

Nach all den vielen Jahren als Hobbyschütze und als Schießtrainer habe ich mich nun dazu entschlossen, dieses Buch zu schreiben. Es soll allen Menschen, welche sich für den Schießsport interessieren, als Nachschlagewerk nützlich sein und welche diesen Sport *nicht als Gewaltverherrlichung* sehen! Schießen hat nichts damit zu tun, um *aufgestaute Aggressionen* abzubauen oder sich in *irgendeiner Weise zu bestätigen*, sondern vielmehr erfordert diese Art der Freizeitgestaltung ein sehr hohes Maß an *Selbstbeherrschung*, *Umsichtigkeit*, *Kopfarbeit* und vor allem *Disziplin*!

Ein *Ramboverhalten*, oder *mangelnde Impulskontrolle* sind im Gegensatz zu seriöser Ausbildungsmethodik im Schießtraining mit Sicherheit fehl am Platz. Daher erlaube ich mir an dieser Stelle jedem potentiellen *„wilden Schießer“* zu empfehlen, sich bei widersprüchlicher Geisteshaltung dem Schießsport gegenüber, erforderlichenfalls nach einem anderen Hobby um zu sehen.

> **Der Schießsport und all seine damit verbundenen praktischen Abläufe, sind in dem vorliegenden Buch keinesfalls als *„wildes Drauflosballern“* zu sehen, das lehne ich aus *persönlichen Gründen* vehement und kategorisch ab! Sollte sich jemand dennoch geistig in diese Richtung orientieren wollen, so wäre es aus meiner Sicht für diese Person(en) angebracht, sich ein anderes Fachbuch zu kaufen!**

2.) Vorwort

Wenn man heute das Wort *„Schießen"* hört, so gibt es Menschen, die dieses Wort mit *„Oh, wie schrecklich"* oder *„Waffen sind böse und gefährlich"* bis hin zu *„Schießen ist Gewaltverherrlichung"* assoziieren.

Andere Menschen, die für den Schießsport Verständnis aufbringen, erkennen in diesem Wort die Eigenschaften *Leistungsfähigkeit*, *Disziplin*, *Fitness* und vor allem *Selbstbeherrschung*. Nicht selten prallen daher in diversen Diskussionsrunden, die wir im Fernsehen mitverfolgen können, unterschiedliche Meinungen aufeinander und lösen so auch auf politischen Ebenen oft falsche Reaktionen aus.

Angesichts der vielen Tötungsdelikte mit Schusswaffen weltweit (mit legalen oder illegalen Waffen) – natürlich auch in kriegerischen Auseinandersetzungen – findet man in derartigen Diskussionen sehr viel Zündstoff, um die notorischen, ja schon fast *militanten Waffengegner* weiterhin zu veranlassen, sämtliche Waffen als unnötiges *„Mordwerkzeug"* aus der Gesellschaft zu verbannen!

Wenn wir jedoch *unumstößliche Fakten* betrachten, dass weltweit über *1 Million (!)* Menschen *jährlich (!)* durch Verkehrsunfälle auf den Straßen ihr Leben lassen müssen (von den verursachenden, betrunkenen Fahrzeuglenkern/innen ganz abgesehen), so müsste man doch auch hier eine Diskussion entfachen, welche darauf abzielt, Fahrzeuge zu verbieten! Na, wo würden wir uns hier wiederfinden? In der Steinzeit? In Europa gibt es jährlich tausende Verkehrstote. *„Weg mit dem Straßenverkehr"!!* Mit einer derartigen Forderung in die Öffentlichkeit zu gehen, würden wir uns eher als *„Intelligenzflüchtlinge"* zu erkennen geben und Gefahr laufen, als solche auch abgestempelt zu werden. Mit Recht!

Zweifelsohne und mit absolut keiner Ausrede ist es zu beschönigen, wenn Menschen durch diverse Gewalttaten, wie wir sie ja leider schon seit unzähligen Jahren aus den Medien entnehmen müssen, durch Schusswaffen ums Leben kommen. Jeder einzelne Tote durch Einwirkung von Schusswaffen ist einer zu viel! Dies gilt natürlich auch für alle anderen Tötungsdelikte ohne Schusswaffen...

Allerdings muss man beachten, dass nicht jedes Tötungsdelikt durch eine Schusswaffe ein Vorsatzdelikt ist! Es gibt hier rechtliche Abgrenzungen, die sich im Strafgesetzbuch nachlesen lassen! Und das empfehle ich jedem, der zu Vorurteilen neigt!

Wovon hängt es nun ab, in welche Richtung Menschen - im Hinblick auf Waffen und Schießen - denken, bzw. wodurch wird man tatsächlich beeinflusst, wenn wir uns in geselliger Runde über Begriffe wie *„Waffen“* oder *„Schießen“* unterhalten? Dies kann sehr vielfältig sein und daher wollen wir uns das jetzt genauer ansehen!

Es gibt verschiedene Möglichkeiten, welche uns in Bezug auf Waffen ***negativ*** beeinflussen können!

Hier ein paar Beispiele:

- Man hört/liest über Gewaltexzesse mit Schusswaffen auf der ganzen Welt.
- Fallweise unverständliche Berichterstattung der Medien *(es gilt die Unschuldsvermutung…)*
- Eigene Unkenntnis in Bezug auf Waffen, deren Funktionsweise und Wirkung.
- Ignoranz gegenüber *(pflichtbewussten)* Schießsportausübenden und Jägern *(leider gibt es auch hier* ***wie überall*** *schwarze Schafe)*.
- Toleranzdefizit gegenüber einem riesigen Wirtschaftsfaktor *(Arbeitsplatzsicherung)*.
- Schießen als *„Ramboverhalten“* abzuwerten.
- Schießen als *„Kompensation für mangelndes Selbstvertrauen“* zu disqualifizieren.
- Schusswaffen auf *„reine Tötungsinstrumente“* zu degradieren. (*1)
- Waffen sind gefährlich. (*2)
- Etc. etc. ...

(*1) Wer so naiv ist und Waffen als reine Tötungsinstrumente sieht, der sollte auch um jedes Fahrzeug einen großen Bogen machen!

(*2) Waffen sind nur so gefährlich wie der Mensch, der sie in der Hand hat!

Diesen ***negativen*** Argumenten stehen aber auch ***positive*** Möglichkeiten der Beeinflussung gegenüber:

Auch hier ein paar Beispiele:

- Sportliche Aktivität: Schießübungen werden nicht nur im Stehen *(statisch)* trainiert, sondern auch in der Bewegung *(dynamisch)*.
- Psychische Stabilität *(vor jeder bewussten Schussabgabe steht ein vorangegangener, psychologischer Entscheidungsprozess)*.
- Physischer Trainingseffekt. Schießen kann sehr anstrengend sein *(w.o. - sportliche Aktivität)*.
- Erlangung von Selbstdisziplin - auf jeder Schießanlage ein absolut unverzichtbares MUSS!
- Waffen sind nur so gefährlich wie derjenige, der sie in der Hand hat (*wie vorhin bereits erwähnt)*!
- Je besser, seriöser und intensiver die Ausbildung an Waffen ist, desto sicherer ist der Umgang mit diesen.
- Stärkung des Verantwortungsbewusstseins – auf eigene Waffen muss man selber achten.
- Kenntnis der rechtlichen Vorschriften - fehlt sehr oft bei Waffengegnern.
- Akzeptanz gegenüber anders Denkenden.
- Etc. etc. ...

Auch diese Aufzählungen ließen sich beliebig weiterführen.

Wir dürfen jedoch nicht vergessen, dass es „Schießen“ (egal womit) im Laufe der Evolution schon sehr lange gibt, denn Jäger und Sammler waren wir von Anfang an. Wie hätten wir sonst überlebt? Als Lebewesen, die sich ausschließlich von pflanzlichen Substanzen ernähren? Wenn man sich heute in den Feinkostabteilungen von Supermärkten umsieht, wohl eher unwahrscheinlich…

Schon beim Indianerspielen als kleine Buben haben wir von unseren Eltern gelernt, dass wir mit selbst gebastelten *„Pfeil und Bogen“*, *„Steinschleudern“*, *„Speeren“* und dergleichen nicht auf uns gegenseitig zielen oder gar schießen sollen. Nachdem wir damals ja noch pflichtbewusste Eltern gehabt haben, die uns nicht mit modernsten Smartphones, Computern und irgendwelchen elektronischen Spielen am PC und dergleichen in unseren Zimmern ruhig zu stellen versucht haben (derartige Geräte gab es damals nicht), wussten wir diese Warnungen unserer Eltern auch zu akzeptieren. Im Gegensatz zu heute haben sich unsere Eltern mit uns noch selber beschäftigt. Persönlichkeitsentwicklung, Kreativität und Eigenständigkeit standen hier noch im Vordergrund!

Wir haben damals einfach gelernt zu unterscheiden, was man darf oder auch nicht. Doch wie soll das noch funktionieren, wenn Eltern (nicht alle!) heute selber kein Verständnis mehr dafür aufbringen, mit ihren Kindern im Freien - ohne irgendwelchem elektronischen Kram - Aktivitäten zu setzen, oder gar Spiele – und davon gibt es unzählige – im Wald zu spielen? Geht fast gar nicht, denn woher sollten *sie* es denn haben?

Daher sind wir heute mehr denn je gefordert, wenn wir uns schon mit dem Schießsport auseinandersetzen wollen, eben gewisse gesellschaftliche Regeln und gesetzliche Bestimmungen zu beachten. Nur so ist es möglich, den Schießsport reibungslos auszuüben. Eventuelle Ignoranz gegenüber solchen Regeln ist hier absolut fehl am Platz.

Disziplin und Eigenverantwortung stehen bei der Ausübung des Schießsportes an oberster Stelle! Schließlich geht es hier nicht nur um die eigene Sicherheit, sondern auch um die Sicherheit von anderen Gleichgesinnten, die sich auf einer Schießstätte aufhalten!

Nachdem ich auch schon sehr viele Jahre als Jäger und geprüfter Aufsichtsjäger in so manchen Jagdrevieren unterwegs bin, möchte ich hier anmerken, dass auch in diesem sensiblen Bereich ein hohes Maß an Disziplin gefordert ist. Auch hier gelten äußerst heikle Verhaltensregeln, da man schlussendlich mit einer geladenen Jagdwaffe unterwegs ist.

Leider lassen sich auch hier Unfälle – jeder Unfall ist einer zu viel – nicht immer vermeiden. Die Ursachen dafür sind sehr vielfältig, doch immer erklärbar. Zumeist handelt es sich um menschliches Fehlverhalten. Man kann gar nicht genug um Sicherheit bemüht sein, um solche Unfälle zu vermeiden.

Und an dieser Stelle erlaube ich mir zu behaupten, dass es in *allen Bereichen* menschlichen Zusammentreffens – so auch in diesem Bereich – *schwarze Schafe* gibt.

Ich behaupte dies jedoch nicht gerne, doch es entspricht mit Sicherheit der Realität!

- Wenn wir gegenseitig auf unsere unterschiedlichen Interessen mehr Rücksicht nehmen würden, …

- …wenn wir zu Lernen bereit wären, Meinungen von anderes denkenden Menschen zu akzeptieren, …

- …wenn wir Vorurteile anderer Anschauungen ausschließen könnten, …

…dann würde so manche Diskussion nicht in einem unnötigen Fiasko enden!

3.)
Prämisse:

Schießen ist keine Sache, bei der man lediglich den Zeigefinger krumm macht und darauf hofft, das Ziel *„auf gut Glück"* zu treffen, sondern vernünftiges Schießen erfordert sehr viel Körperbeherrschung sowohl in *physischer* als auch *psychischer* Hinsicht. Alles andere dient lediglich der Lärmerzeugung und der Munitionsverschwendung, wobei Letzteres die Herstellerfirmen sicher erfreut!

Um lange Freude am Schießsport zu haben, ist es unbedingt notwendig, dass man sich von Anfang an richtige, eintrainierte Bewegungsmuster gut einprägt. Je intensiver man trainiert, desto wahrscheinlicher ist es, sich diese Bewegungsabläufe dauerhaft ins *„Muskelgedächtnis"* abzuspeichern. Von dort aus sind diese eintrainierten Bewegungsabläufe dann im scharfen Schuss abrufbar, ohne darüber groß nachdenken zu müssen. Es stellt sich durch intensives Training ein gewisser Automatismus ein. Solche Automatismen sind sehr wichtig, um beim aktiven Schießen den Kopf für andere Konzentrationsarbeit frei zu haben. Vernünftiges Schießen spielt sich eben in sehr hohem Maße im Kopf ab. Ohne Zweifel!

Für den seriösen Schießsport sind u.a. folgende Faktoren wichtig:

1.) Persönlichkeitsstruktur *(Geisteshaltung)*.

2.) Waffenkenntnis *(mindestens diverse Grundlagen)*.

3.) Präzision *(genaues Arbeiten an der Waffe)*.

4.) Evtl. Geschwindigkeit *(je nach Trainingsvorhaben)*.

5.) Erforderlichenfalls ein fließendes Bewegungsmuster *(Dynamik)*.

6.) Aber vor allem *Disziplin*!

Natürlich kommt es darauf an, in welche Richtung man trainieren möchte. Ein *Sonntagsschütze* (nicht böse gemeint!), der gelegentlich mit Freunden auf einer Schießstätte ein paar Schüsse abgeben will, wird sich nicht großartig über diese Faktoren Gedanken machen wollen. Hier steht wohl eher der Spaßfaktor im Vordergrund, und das ist auch allemal legitim.

Jedoch ein Sportschütze, der das Schießen mit dementsprechendem Ernst oder wettkampfmäßigem Eifer betreibt, wird sich damit eher auseinandersetzen!

Zu Pkt 1.) Persönlichkeitsstruktur

Wenn sich jemand für das Schießen interessiert, so ist es aus meiner Sicht notwendig, dass die Person bestimmten geistigen Anforderungen bzw. Normen gewachsen ist. Eine Waffe zu besitzen und diese abzufeuern bedeutet, dass man sich darüber im Klaren sein soll, welche Verantwortung damit verbunden ist. Westernmanieren, Proletengehabe, Angeberei oder dergleichen, sind hier keinesfalls angebracht! Ein gesunder Hausverstand ist hier gefragt!

Zu Pkt 2.) Waffenkenntnis

Es versteht sich von selbst, dass kaum jemand der mit dem Schießen beginnen möchte, ausreichende Waffenkenntnis haben kann. Dies leuchtet ein. Wenn man sich jedoch dazu entschließt den Schießsport auszuüben, so wird man sich auch mit einem gewissen Maß mit Waffentechnik auseinandersetzen müssen. Lediglich den Abzug zu betätigen, ohne zu wissen was dabei in einer Waffe vor sich geht, wird aus meiner Sicht nicht genügen, um dieses Hobby *seriös* auszuüben!

Zu Pkt 3.) Präzision

Einen Schuss abzufeuern bedeutet, dass man gewisse Faktoren in Einklang bringen muss *(siehe „Schießtechnischer Faktorenkomplex")*. Dabei spielt die Präzision eine sehr große Rolle. Schlampiges Bedienen einer Waffe wird nicht unbedingt von Treffererfolgen gekrönt sein. Je genauer man arbeitet, desto besser die Treffer und desto mehr Freude wird man am Schießen haben.

Zu Pkt 4.) Geschwindigkeit

Wenn man beim Schießen von Geschwindigkeit spricht, so denkt man dabei an Übungen, die wir unter einer gewissen Zeitvorgabe schießen. Auf dieser Stufe zu trainieren bedeutet, dass man sich schon im fortgeschrittenen Schießen befinden sollte. Gleich von Anfang an schnelle Treffer erzielen zu wollen, wobei man die Grundlagen im langsamen Modus noch nicht intensiv genug eintrainiert hat, wird sich anfänglich negativ am Trefferbild widerspiegeln.

Zu Pkt 5.) Dynamik

Wir werden in diesem Buch noch sehen, was es bedeutet, dynamisch zu Schießen. Das heißt, dass wir nicht stocksteif herumstehen um lediglich auf ein paar Ziele zu schießen, sondern dass man sich bei den Schussabgaben auch bewegen kann/muss! Wie schwer man sich einen Belastungsparcours aufbaut, hängt davon ab, was und wie ich trainieren möchte.
Dazu am Ende des Buches bei den Schießprogrammen noch mehr!

Zu Pkt 6.) Disziplin

Diesen Punkt habe ich schon mehrfach angesprochen. Disziplin ist im Zusammenhang mit dem Hantieren an einer Waffe unumgänglich! Wer sich hier nicht zu 100% an die rechtlichen Bestimmungen und sonstigen Spielregeln hält, sollte sich mit Waffen aus meiner Sicht nicht auseinandersetzen.

Der stufenmäßige Aufbau des Schießens:

Dieser sollte meiner Meinung nach so aussehen:

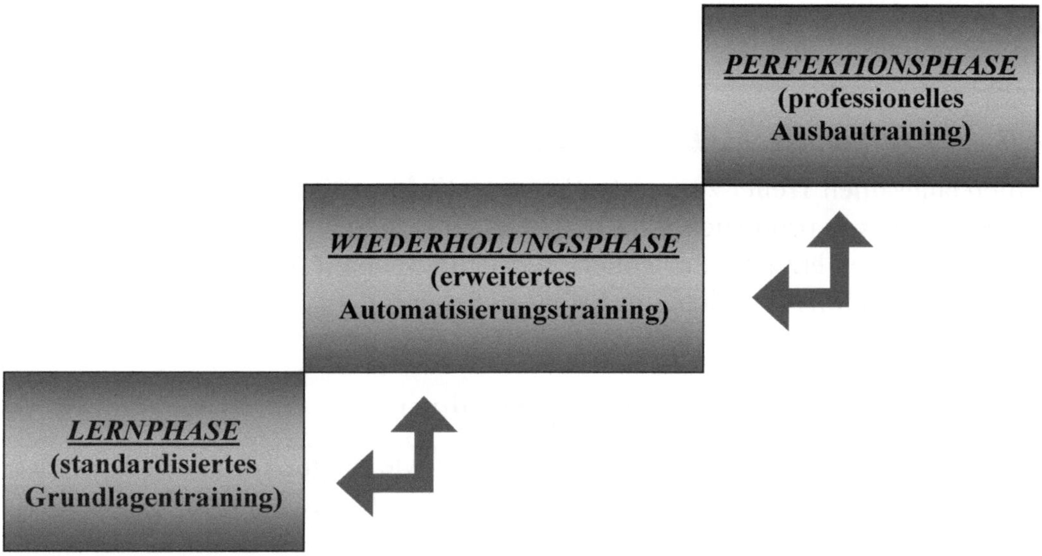

Im Detail sehe ich das so:

1.) Waffenhandhabung beherrschen 2.) Langsame Treffer erzielen	**LERNPHASE = standardisiertes Grundlagentraining**
3.) Bewegungsabläufe wiederholen 4.) Grundlagen automatisieren	**WIEDERHOLUNGSPHASE = erweitertes Automatisierungstraining**
5.) Statisch schnelle Treffer erzielen 6.) Dynamisch schnelle Treffer erzielen	**PERFEKTIONSPHASE = professionelles Ausbautraining**

Zu 1.) Waffenhandhabung beherrschen:

Darüber haben wir schon oben unter Pkt 2 gelesen! Wer mit seinem Werkzeug nicht umgehen kann, wird es auch nicht richtig verwenden können! Daher ist es unter anderem notwendig, ein gewisses Maß an technischem Verständniss für eine Waffe aufzubringen.

Zu 2.) Langsame Treffer erzielen:

Einen langsamen Treffer zu erzielen ist wesentlich vernünftiger, als einen schnellen Fehlschuss zu produzieren! Es macht daher keinen Sinn von Anfang an gleich schnelle Treffer erzielen zu wollen. Bewegungsabläufe müssen zuerst einmal langsam eintrainiert werden, um Erfolg zu haben!

Zu 3.) Bewegungsabläufe wiederholen:

Eintrainierte Bewegungsabläufe müssen so oft wie möglich wiederholt werden. Dadurch werden notwendige Bewegungen ins Muskelgedächtnis abgespeichert.

Zu 4.) Grundlagen automatisieren:

Durch Abspeichern von Bewegungen ins Muskelgedächtnis, werden Bewegungen automatisiert und können ohne nachzudenken aus dem Unterbewusstsein abgerufen werden.

Zu 5.) Statisch schnelle Treffer erzielen:

Wenn man Bewegungsabläufe richtig und intensiv genug eintrainiert hat, kann man – sofern man will – die Geschwindigkeit in Betracht ziehen. Dies macht aber eben erst dann Sinn, wenn man einen gewissen Automatismus entwickelt hat. Nach dem Motto: *„Wer laufen will, muss zuerst gehen lernen!"*

Zu 6.) Dynamisch schnelle Treffer erzielen:

Wenn man lange genug trainiert hat, wobei man beim statischen Schießen schon gute Treffer erzielt, kann man nach eigenem Ermessen beginnen, Bewegung in die Schießübungen einfließen zu lassen. Das heißt, dass man sich einen Parcours aufbaut und unter körperlicher Belastung schießt. Wie stark die Belastung sein soll hängt davon ab, wie hoch die eigene Motivation dafür ist! Ab diesem Zeitpunkt wird es im Schießbetrieb spannend!

Das Zusammenwirken von Elementen zur Erreichung eines Zieles!

Die nachstehende Grafik habe ich auf den seriösen Schießsport bezogen, kann aber auch für andere Zwecke Anwendung finden!

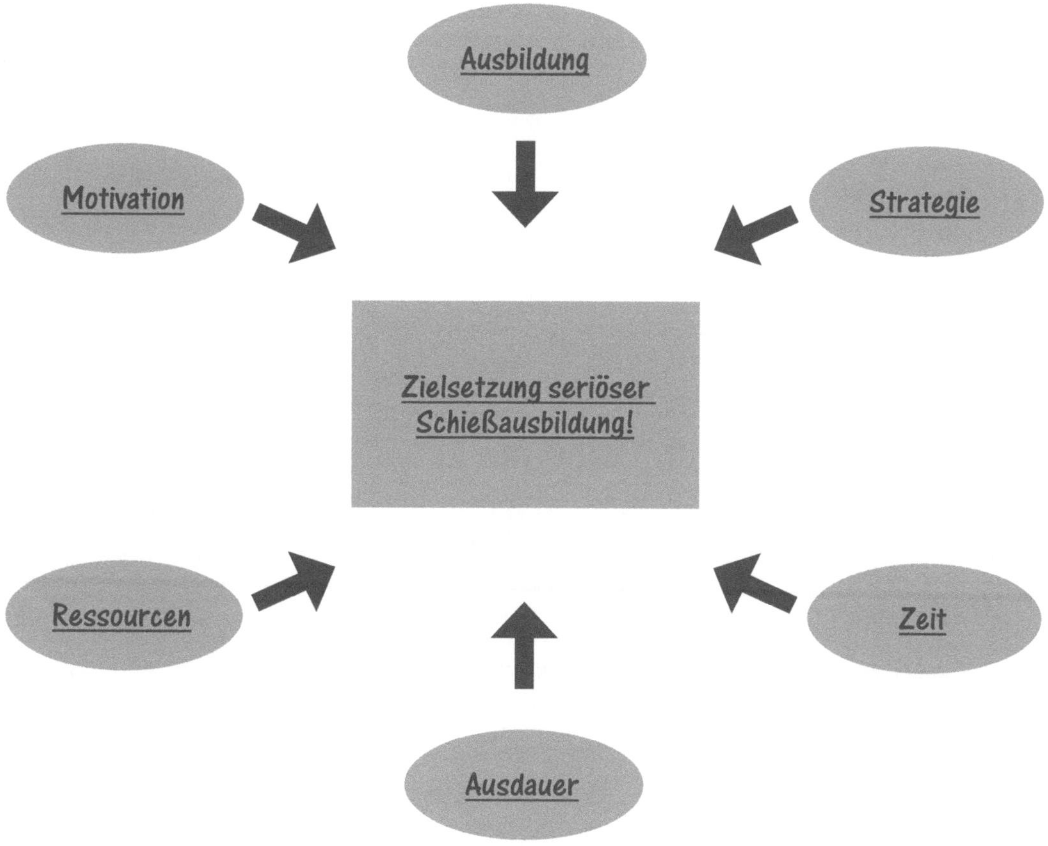

Dies wären zunächst einige, wichtige Punkte über das Thema *„Schießen“*.

Im Hinblick auf die eigene Zielsetzung beim Schießen, macht es auch einen erheblichen Unterschied, ob man als Präzisionsschütze mit Faustfeuerwaffen auf angepasste, weitere Distanzen (bis etwa 25 Meter o.ä.) trainieren will, oder ob man es vorzieht, schnellere Schussfolgen auf eventuell kürzere Distanzen abgeben zu wollen (Combatschießen[1], innerhalb weniger Meter). Das ist immer wieder davon abhängig, was man eben lernen will.

Doch es spielt keine Rolle wofür man sich entscheidet: Ob kurze oder längere Distanzen, man muss in jedem Fall ausreichend trainieren! Intensives, koordiniertes und gut durchdachtes Training, ist auch hier der berühmte Schlüssel zum Erfolg!

(*1) **Combatschießen:**

Darunter versteht man grundsätzlich *„auf Kampf ausgerichtetes Schießen“*, aber auch in sportlicher Hinsicht ist diese Art des Schießens heute mehr denn je gefragt. Es lassen sich tolle Bewerbe veranstalten!

Dieses Schießen beinhaltet u. a. taktisches Verhalten, strategische Grundsätze, Beurteilungen von diversen Gefährdungslagen, Anpassungsmechanismen an diverse Situationen, usw.! Das Schießen läuft natürlich auf Zeit!

Ich möchte in diesem Buch jedoch nicht unbedingt auf *„Kampf“* ausgerichtetes Schießen eingehen, denn dafür gibt es ohnehin schon genug einschlägige Fachliteratur. Lediglich ein paar allgemeine Informationen darüber lassen sich in diesem Buch finden. Der Inhalt dieses Buches soll bezwecken, dass jemand, der in vernünftiger Art und Weise dem Schießsport etwas abgewinnen will, sich im *„zivilen Bereich“* orientieren und einfach auch Spaß am Schießen haben möchte. Und das widerspricht keinesfalls den guten Sitten!

Daher ziehe ich es vor, speziell auf die im *„Combatschießen“* ausgerichteten Methoden, Taktiken und Techniken nur sehr beschränkt einzugehen!

4.) Revolver oder Pistole?

Zunächst die Frage, ob man sich beim Kauf einer Faustfeuerwaffe für eine Pistole oder einen Revolver entscheidet. Dies ist auf der einen Seite eine Frage des Geschmacks und der persönlichen Befindlichkeit, auf der anderen Seite die Frage, wofür man sich die Waffe kaufen will. Wenn man sich eine Waffe auf Grund gewisser, persönlichen Umständen als *„Hauswaffe“* ankaufen möchte, so würde ich einen 5- oder 6- schüssigen Revolver (Kaliber .38 - würde meiner Meinung nach genügen) vorziehen. Diese sind sehr solide gebaut und haben so gut wie nie Hemmungen. Zur Abwehr einer eventuellen drohenden Gefahr für zu Hause reicht ein solcher Revolver allemal, man wird ja wohl nicht eine stundenlange Schießerei in seinen eigenen vier Wänden zu bestehen haben. Außerdem würde auch die Kapazität der Trommel dafür nicht ausreichen. Allerdings kann man z.B. mit einem Revolver des Kalibers .357 Magnum auch Patronen des Kalibers .38 Spezial verschießen, was sich auch positiv auf die Munitionskosten auswirken kann. Hier gehen die Meinungen schon etwas auseinander.

Als *Sportwaffe* hingegen hat eine Pistole wiederum den Vorteil, dass sie im dementsprechenden Kaliber eine höhere Feuerkraft besitzt. Dies ist dann wichtig, wenn man speziell im sportlichen, dynamischen Schießen, mehrere Schüsse innerhalb einer gewissen Zeit auf verschiedene Ziele abgeben will. Magazinfassungsvermögen von 17 Patronen und auch mehr sind hier keine Seltenheit. Die Munitionskosten im dementsprechenden Kaliber sind auch eher geringer, was zwangsläufig dazu führt, dass man mehr trainieren kann. Umso besser! Allerdings sind meiner Erfahrung nach *fallweise* Ladehemmungen nicht ausgeschlossen. Die Gründe dafür können vielseitig sein, liegen allerdings sehr oft beim Schützen (sogenannte *„Pilotenfehler“*) und auf diese werde ich auf den kommenden Seiten (Kapitel XIII) dieses Buches natürlich noch eingehen.

Allerdings:

Ohne den Teufel an die Wand malen oder Schießen bzw. Waffen *glorifizieren* zu wollen:

In einer echten *Notwehrsituation* ist es meiner Meinung nach völlig egal, welche Waffe man sich gekauft hat, denn da ist die richtige Waffe diejenige, welche man gerade zur Hand hat…

Ich habe viele Jahre lang sowohl mit Pistolen, aber auch mit Revolvern verschiedener Typen und Marken, geschossen. Begonnen habe ich mit Revolvern im Kaliber .357 Magnum. Stark, wuchtig, daher auch laut, jedoch nur 6-schüssig. Sicher, ein gewisser Spaßfaktor gehört dazu und darf hier auch erwähnt werden!

Für das sportliche Schießen (und auch aus dienstlichen Gründen), habe ich mich schlussendlich doch für die Pistole entschieden. Dahingehend gibt es für mich zur berühmten und absolut zuverlässigen ***„Glock“*** - egal welches Modell - keine Alternative. Das soll jedoch nicht heißen, dass andere Pistolen nicht auch den selben Zweck für das sportliche Schießen erfüllen, aber, wenn man sich einmal – im wahrsten Sinne des Wortes – auf die ***„Glock eingeschossen“*** hat, so fällt es einem Schützen auf Grund der Perfektion dieser Waffe doch schwer, auf ein anderes Modell umzusteigen!

Nach all meinen vielen Jahren, in denen ich beruflich und selbstverständlich auch privat mit der *„Glock“* - in vielen Ausführungen - zu tun hatte, schwebt mir ein Wechsel auf eine andere Pistole mit Sicherheit auch nicht vor!

Die *„Glock“* ist für mich sowohl von der Bedienung, als auch von der Leistung und Sicherheit her unvergleichbar mit anderen Pistolen. Auch das Preis-Leistungsverhältnis dieser Waffe kann sich sehen lassen. Sie ist in sehr vielen Tests stets als Sieger hervorgegangen und genießt deshalb - sehr wohl verdient - einen weltweit ausgezeichneten Ruf! Abgesehen von den unzähligen privaten Besitzern einer *„Glock“*, haben sich nicht umsonst viele Militärs, Polizeieinheiten und andere Institutionen auf der ganzen Welt für diese Waffe entschieden!

Das Material, die Verarbeitung, die Präzision, die Handhabungssicherheit und noch vieles mehr, sind mit Sicherheit überzeugende Argumente dafür, sich für eine *„Glock“* zu entscheiden!

Ich habe ihn all meinen Jahren niemanden kennen gelernt, der seine Entscheidung für eine *„Glock“* bereut hat!

Wer über die Testreihe dieser Waffe mehr erfahren will, der kann sich diese in den einschlägigen Internetseiten dieser perfekten Waffe ohnehin in Ruhe ansehen und sich selber ein Bild von den Ergebnissen machen!

Es lohnt sich! Mit Sicherheit!

REVOLVER oder PISTOLE?

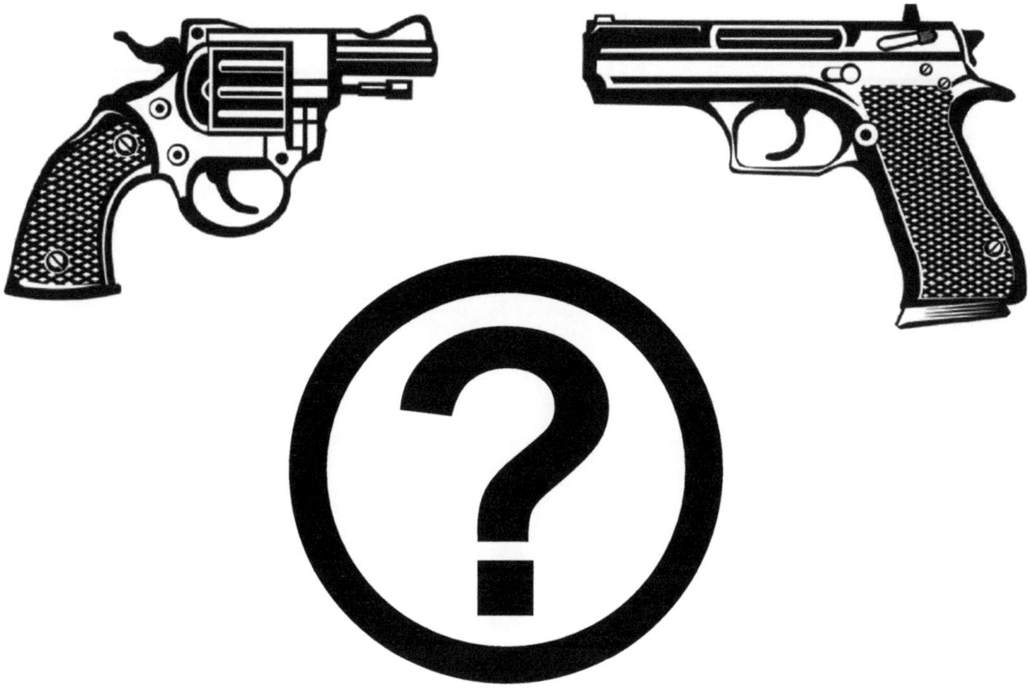

Die in diesem Buch beschriebenen Ausführungen sind hauptsächlich auf die Pistole GLOCK bezogen!

Ab in die Praxis:

INTENSIVES TRAINING IST DER SCHLÜSSEL ZUM ERFOLG!

KAPITEL I:

Sicherheitsbestimmungen

Bevor man eine Schusswaffe – egal welcher Art - in die Hand nimmt, muss man ***OHNE AUSNAHME (!)*** davon ausgehen, dass diese geladen ist! Erst, wenn man die Waffe ***SELBER (!)*** überprüft hat, kennt man deren Zustand und keine Sekunde vorher! Das hat nichts mit mangelndem Vertrauen gegenüber dem Übergeber der Waffe zu tun, sondern ist eine reine Sicherheitsmaßnahme! Vermutlich hätten viele Unfälle vermieden werden können, wenn der Übernehmer einer Schusswaffe diese sorgfältig auf deren Ladezustand überprüft hätte!

Weiters ist es tunlichst zu unterlassen, auf Schießstätten, die auf dem Stand abgelegten, fremde Waffen ohne Zustimmung deren Eigentümer anzufassen, oder diese gar aufzunehmen. Man macht sich hier keine Freunde, wenn man gegen diese Regel verstößt! Außerdem spielt dabei nicht nur die Höflichkeit und Achtung vor fremden Eigentum eine Rolle, sondern vielmehr steht hier der Sicherheitsaspekt im Vordergrund!

Spielereien, wie z.B. das Herumwirbeln der Waffe nach Cowboymanier mit gestrecktem Abzugsfinger im Abzugsbügel sind nicht nur verpönt, sondern ein Hinweis darauf, dass es derjenige der dies tut, es mit der Sicherheit nicht sehr ernst nimmt!

Grundlegendes: *(die wichtigsten Verhaltensregeln)*

- Betreten einer Schießstätte immer mit ungeladener Waffe!
- Sicherheitscheck am Schießstand durchführen!
- Finger erst unmittelbar vor der Schussabgabe auf den Abzug! Ansonsten ***„Finger gestreckt“***!
- Waffe ***IMMER*** in eine sichere Richtung halten!
- Gehörschutz und Schießbrillen tragen!
- Auf andere Schützen Acht geben!
- Bei Sicherheitsverstößen anderer Schützen diese darauf aufmerksam machen!
- Bei wiederholten Verfehlungen diese eventuell der Standaufsicht melden!

Dies sind nur einige Empfehlungen und keine erschöpfende Aufzählung, um einen reibungslosen Schießbetrieb zu gewährleisten.

Das Hantieren mit Schusswaffen auf Schießstätten unterliegt ohnehin den dort jeweilig geltenden Sicherheitsbestimmungen und man tut gut daran, sich streng an derartige Bestimmungen zu halten!

Auch sollte niemand böse sein, wenn er von einem anderen Schützen auf ein eventuelles Fehlverhalten aufmerksam gemacht wird! Hier geht es nicht um Besserwisserei, sondern darum, um in weiser Voraussicht eventuelle Unfälle und daraus resultierenden Schwierigkeiten zu vermeiden!

Man muss bedenken, welche Folgen eine unbeabsichtigte Schussabgabe - bei der jemand oder etwas zu Schaden gekommen ist - haben kann. Gerichtsverhandlung, Verurteilung, Schadensersatzansprüche, Entzug der waffenrechtlichen Dokumente und vor allem auch die boshafte Nachrede wird dem Betroffenen nicht erspart bleiben!

Daher:

SICHERHEIT HAT OBERSTE PRIORITÄT!

KAPITEL II:

Der Waffengriff (Pistole)

Erläuterungen

Bezeichnungen wie *links, rechts, vorne, hinten, oben, unten* beziehen sich immer auf die Laufrichtung der Waffe gesehen.

> Tipp
>
> Ich möchte hier darauf hinweisen, dass man grundsätzlich mit beiden Händen schießen soll. Daher werden sich die nachfolgenden Beschreibungen auf das beidhändige Schießen beziehen! Das einhändige Schießen finden wir lediglich informativ in diesem Buch.

Unterschied:
Schusshand (SH)
Nichtschusshand (NSH)

Als ***Schusshand*** wird jene Hand bezeichnet, die die Waffe ***führt***! Unter ***Nichtschusshand*** verstehen wir jene Hand, welche die Schusshand beim Waffengriff ***unterstützt***!

Das richtige und vor allem das rasche Ergreifen einer Waffe erfordert viel Präzision und Übung!

Zur Bildbeschreibung:

- grüner Punkt im Bild = empfehlenswerte Waffenhaltung!
- roter Punkt im Bild = nicht empfehlenswerte Waffenhaltung!
- gelber Punkt im Bild = bedingt empfehlenswert!

Hier: Rechtsschütze

Zunächst umfasst man das Griffstück mit der Schusshand. Dabei legt man den kleinen Finger, den Ringfinger und den Mittelfinger von der rechten Seite der Waffe um das Griffstück (*Bild 1*). Der Zeigefinger (Schießfinger) liegt durchgestreckt entlang des Abzugsbügels! Dies ist sehr wichtig, damit es nicht zu einer unkontrollierten Schussabgabe kommen kann! Der gestreckte Finger ist ein wichtiges Sicherungselement und verhindert, dass sich ein Schuss *löst*!

Bild 1) Ansicht von der rechten Waffenseite

Das Griffstück muss so weit wie möglich im oberen Bereich erfasst werden (Pfeil) und darf keinen Zwischenraum aufweisen! Schießfinger gestreckt! Das Handgelenk wird durch Muskelspannung *„verriegelt“*!

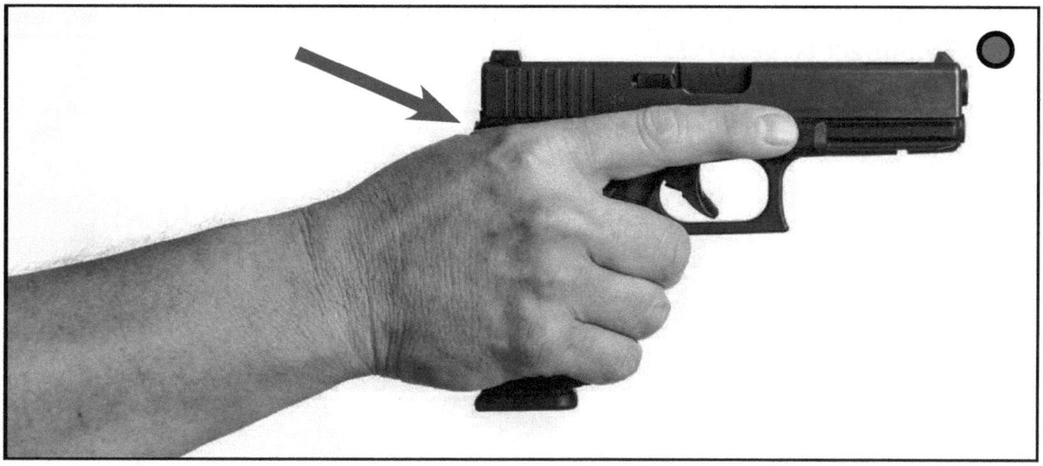

Bild 2) Ansicht von der linken Waffenseite

Der Daumen liegt auf der gegenüberliegenden Seite und umfasst das Griffstück im oberen Bereich. Dabei ist zu beachten, dass sich Daumen und Mittelfinger noch berühren können. Ist dies nicht der Fall, so kann man die Waffe nicht *„satt“* genug greifen! Griffstücke lassen sich - bedingt - im Umfang verändern.

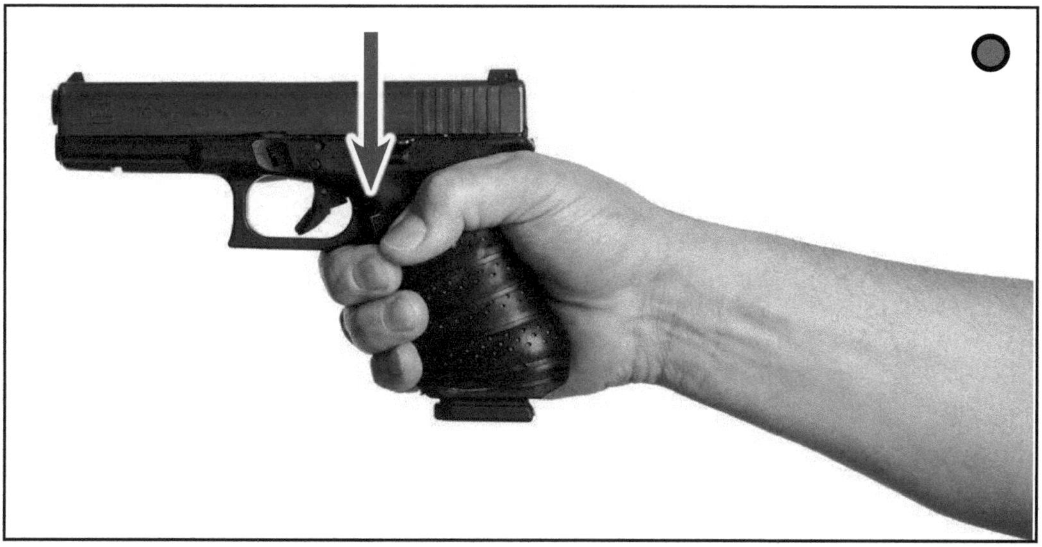

Bild 3) Beidhändiges Erfassen der Waffe rechtsseitig

Nun führen wir die Nichtschusshand von der linken Seite an die Waffe heran und umfassen sie am Griffstück wie es auf dem Bild ersichtlich ist. Wichtig dabei ist es, dass der Zeigefinger der Nichtschusshand nicht vorne am Abzugsbügel aufgelegt, sondern unterhalb des Abzugsbügels angelegt wird (Pfeil)! Beide Hände bilden mit der Waffe eine kompakte Einheit! So erhalten wir maximale Stabilität! Der Schießfinger ist ***gestreckt***!

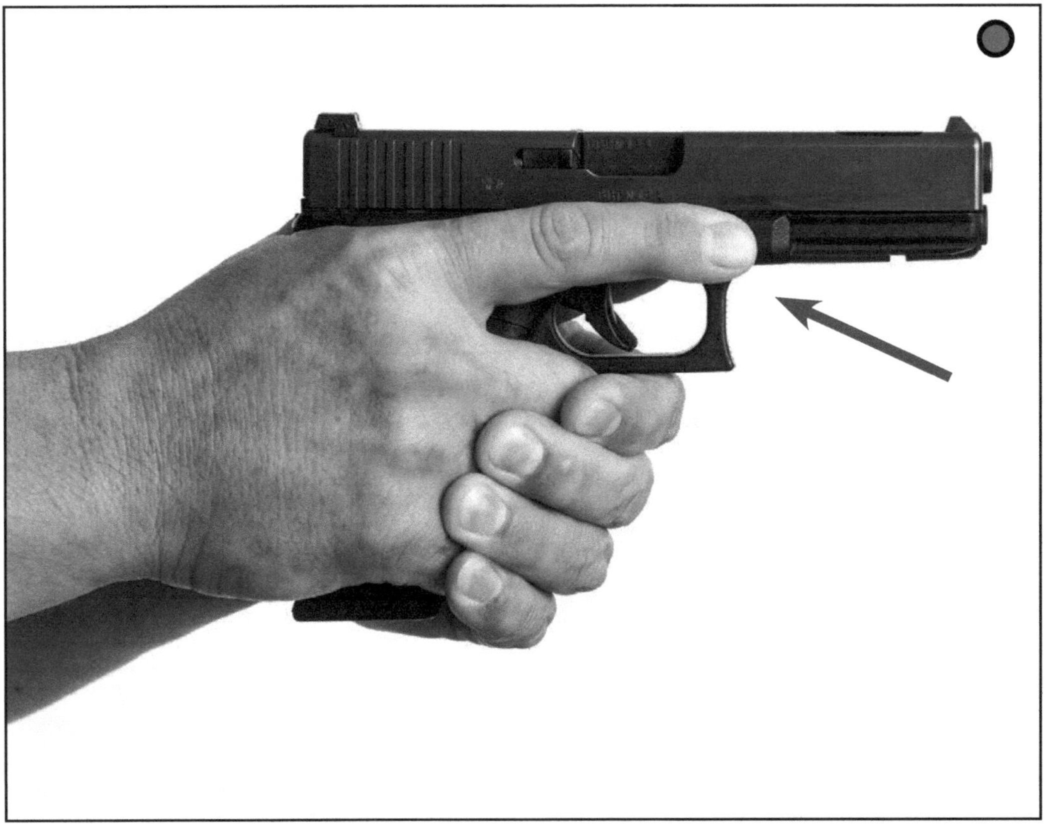

Wer sich diesen Waffengriff aneignet, wird beim Schießen sehr bald erkennen, dass man eine Pistole nicht besser halten kann. Daraus resultiert, dass sich bei regelmäßigem Training auch dementsprechend gute Treffer einstellen werden!

Tipp

Auch beim beidhändigen Erfassen einer Faustfeuerwaffe ist es sehr wichtig, dass man *beide* Handgelenke gut *„verriegelt“*! Dies ist deshalb notwendig, damit die Waffe bei der Schussabgabe stabil bleibt und die Visierlinie möglichst wenig vom Ziel abweicht!

Bild 4) Beidhändiges Erfassen der Waffe linksseitig

Hier ist deutlich erkennbar, dass beide Daumen entlang des Griffstückes angelegt sind. Der Zeigefinder der Nichtschusshand liegt *unterhalb* des Abzugsbügels und *nicht vorne auf* dem Abzugsbügel (*vergleiche mit Bild* 5)!

Beide Daumenballen liegen eng aneinandergepresst, um so maximalen Kontakt zur Waffe zu bekommen (Pfeil). Dies ist sehr wichtig, um die Waffe bei der Schussabgabe gut kontrollieren zu können!

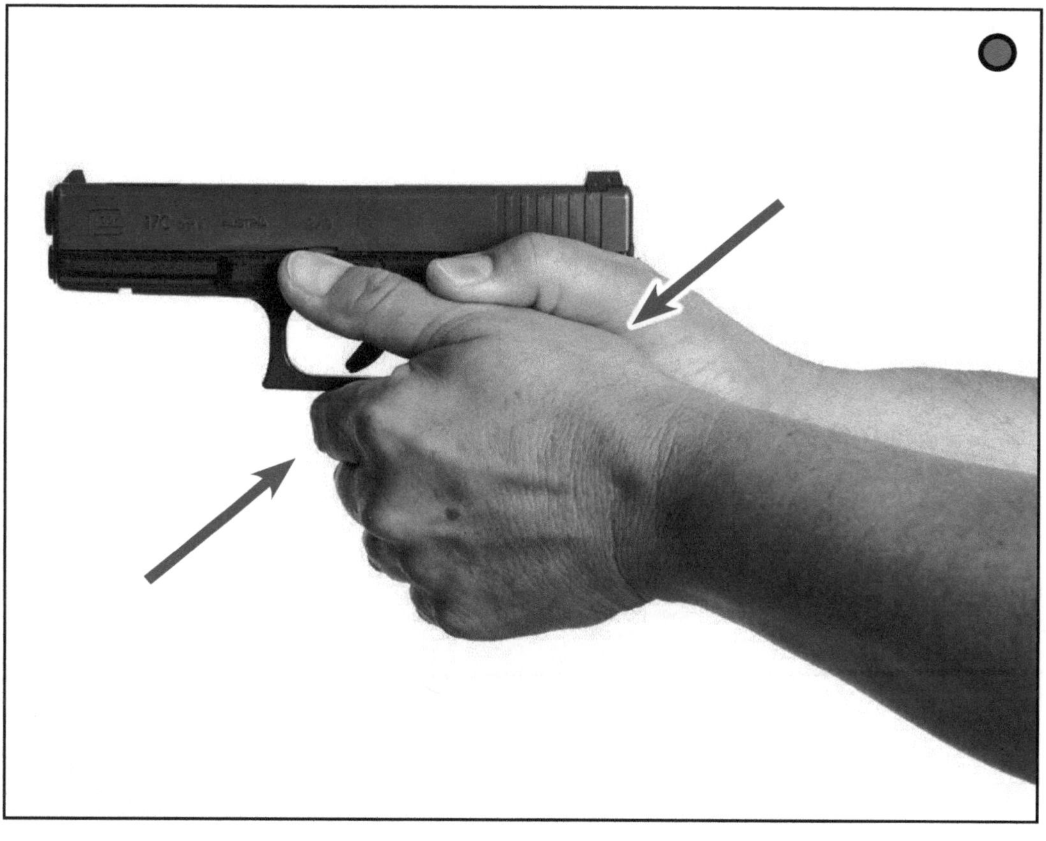

Wenn wir den Zeigefinger der Nichtschusshand vorne am Abzugsbügel auflegen, wird es passieren, dass beim Schießen durch den Hochschlag der Pistole, der Finger vom Abzugsbügel abrutscht und wir neu nachjustieren, sprich die Waffe neu fassen müssen. Dies wiederum kostet beim Schießen Zeit und ist daher nicht nur völlig unnötig, sondern auch kontraproduktiv!

Bild 5) Beidhändiges Erfassen der Waffe linksseitig

Hier sieht man den Zeigefinger der Nichtschusshand vorne auf dem Abzugsbügel aufgelegt (Pfeil). Der Daumen der Nichtschusshand ist gekrümmt, daraus ergibt sich, dass es zu einem instabilen Waffengriff kommt.

Weiters sind die Daumenballen offen, was wiederum weniger Kontakt zur Waffe zur Folge hat (Pfeil). Die Waffe kann so nicht richtig kontrolliert werden!
Oft habe ich es erlebt, dass Schützen diesen Fehler trotzdem gemacht haben, mit deren Begründung, dass ihnen dieser Griff ein Gefühl der höheren Stabilität beim Halten der Pistole vermittelt. Von einem Kollegen gemachte Videoaufnahmen haben diesen Schützen bei der Trefferaufnahme aber deutlich gezeigt, dass es genau das Gegenteil bewirkt. Selber probieren, dann merkt man den Unterschied!

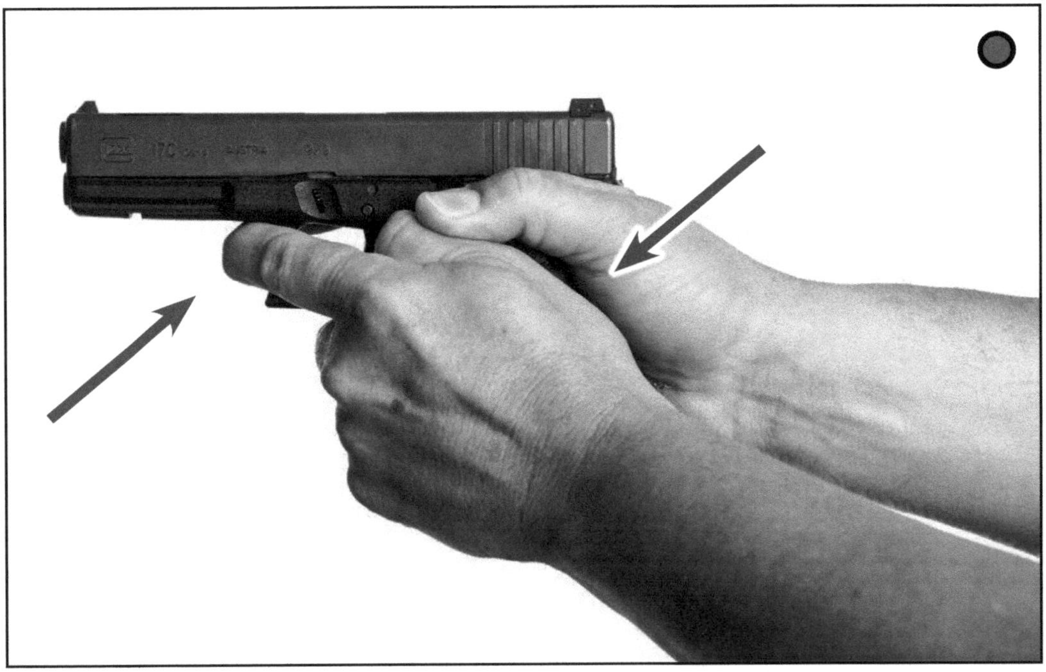

Ein Klassiker einer falschen Waffenhaltung! Ein solcher Waffengriff sollte tunlichst vermieden werden und es spricht meiner Meinung nach nichts dagegen, wenn man es von Anfang an richtig macht. Man tut sich später sicher leichter!

Weiters kann es vorkommen, dass beim Abziehen mit dem Zeigefinger der Schusshand, auch der auf dem Abzugsbügel abgelegte Zeigefinger der Nichtschusshand mitgekrümmt wird. Dies kann zur Folge haben, dass die Waffe *beim Rechtsschützen nach links* aus dem Ziel gezogen wird! Und umgekehrt!

Bild 6) Beidhändiges Erfassen der Waffe linksseitig.

Auch hier wieder eine ungünstige Waffenhaltung. Der Zeigefinger liegt vorne am Abzugsbügel auf, die Daumen nicht entlang des Griffstückes und die Daumenballen haben keinen Kontakt zu einander. Der Griff ist völlig offen, hier ist so ziemlich alles falsch!

Mit einer derartigen Waffenhaltung wird man sehr bald feststellen, dass die Treffer eher dürftig sein werden!

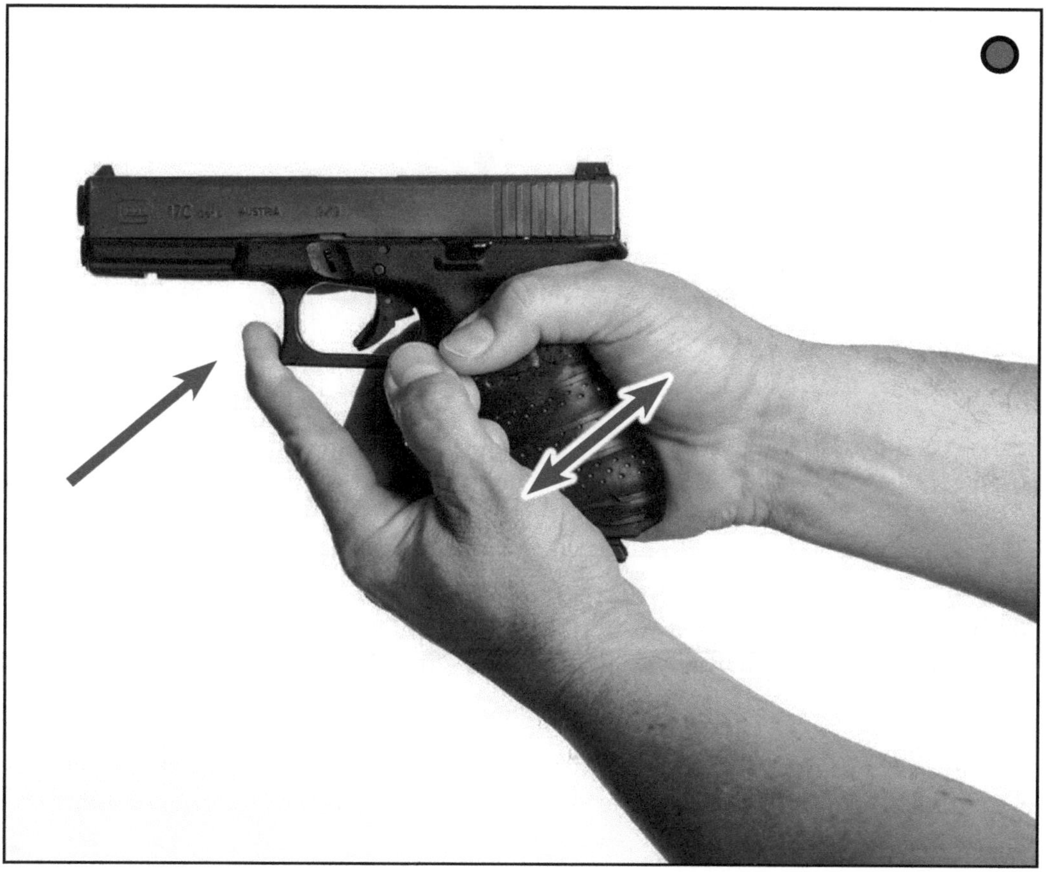

Auch hier *„stützt"* der Zeigefinger der Nichtschusshand unnötig die Waffe! Unnötig deshalb, da eine derartige offene Haltung der Waffe tatsächlich keine Stütze bietet! Vorprogrammierte Instabilität wird hier die Folge sein, dies erkennt man dann am Trefferbild!

Bild 7) Waffenhaltung linksseitig.

Bei dieser Waffenhaltung ist erkennbar, dass die Waffe mit der Nichtschusshand zu weit vorne gefasst wird. Auch hier ist zu sehen, dass beide Daumenballen keinen Kontakt zu einander haben und daher die Waffe auch nicht *„satt“* genug gegriffen wird! Fehlschüsse werden auch hier wahrscheinlich nicht ausbleiben!

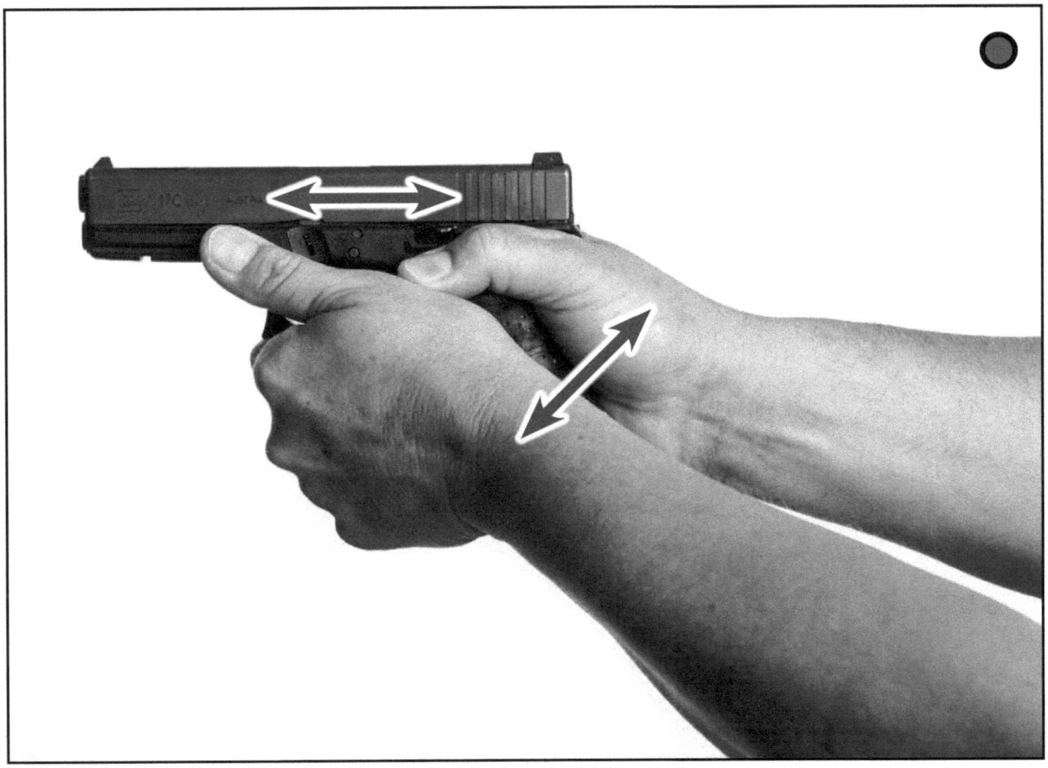

Die linke Hand (NSH) etwas weiter zurück, die Daumenballen schließen, beide Daumen entlang des Griffstückes legen, und schon hat man den richtigen, stabilen Waffengriff!

Man soll sich keinesfalls scheuen, den Waffengriff von Anfang an richtig einzulernen. Er bildet die Grundlage für alle weiteren Tätigkeiten beim Schießen!

Tipp

Einen guten, stabilen Griff erreicht man dadurch, wenn man die Waffe so umfasst, dass man mit beiden Händen maximalen Kontakt zur Waffe bekommt! Nur so kann erreicht werden, dass beide Hände und die Waffe zu einer kompakten Einheit verschmelzen und dadurch ist die perfekte Kontrolle der Waffe gewährleistet!

Bild 8) Waffenhaltung linksseitig.

Diesen Fehler beim Waffengriff macht man üblicherweise nur einmal! Bei der Schussabgabe öffnet sich der Verschluss nach hinten (Pfeil) und dieser wird den Daumen der Nichtschusshand direkt am Gelenk streifen. Das gibt mit Sicherheit eine blutende Wunde! Der Lerneffekt bei einer derartigen Verletzung ist zwar durchaus sehr groß und vor allem nachhaltig, tut aber weh!

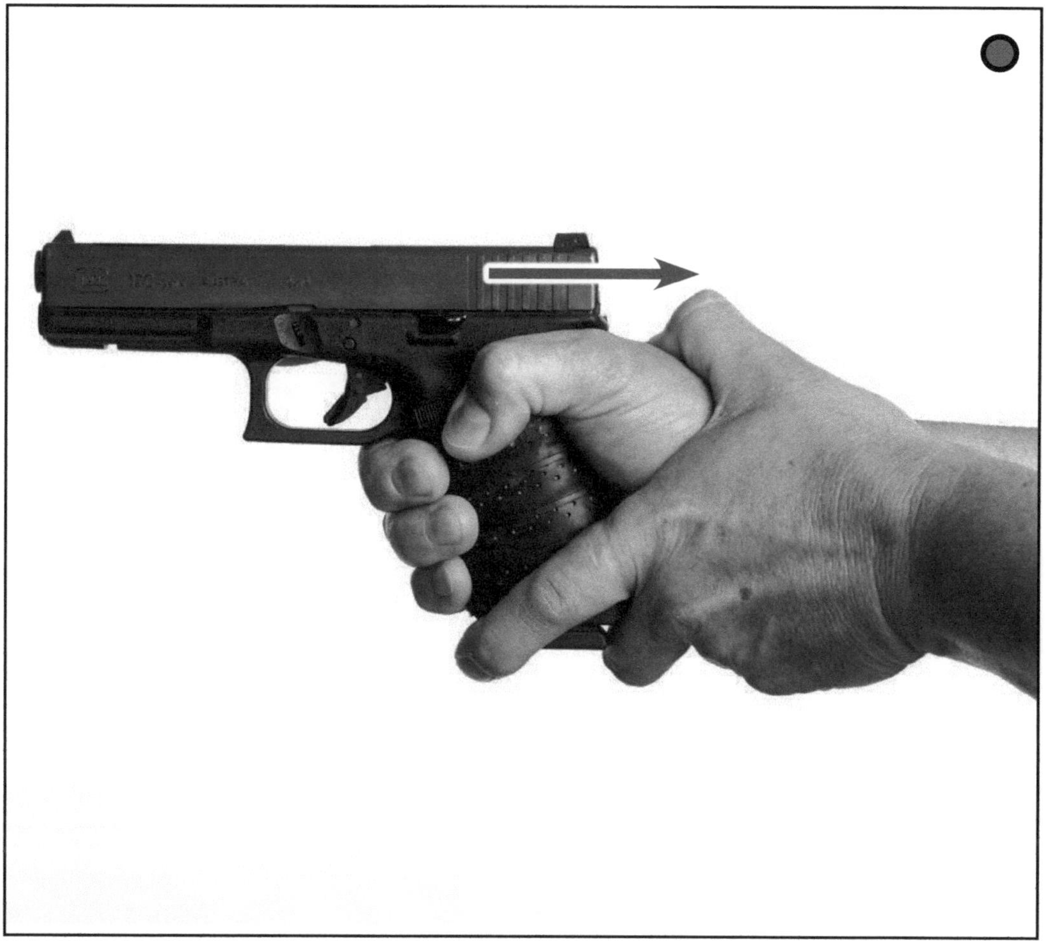

Auch in Bezug auf die Stabilität der Waffe muss man anmerken, dass hier keinesfalls eine solche gegeben ist! Das Handgelenk der Schusshand mit der Nichtschusshand zu halten, ist absolut sinnlos und bringt rein gar nichts!

Bei dieser Waffenhaltung kann man davon ausgehen, dass die Waffe beim Abfeuern in der Schusshand *„schaukelt“*, jedoch von kompakter Einheit zwischen Waffe und beiden Händen kann keine Rede sein!

Bild 9) Der Waffengriff von oben gesehen.

So sollte die Waffe von oben gesehen in der Schusshand liegen. Geringfügige Abweichungen können natürlich möglich sein!

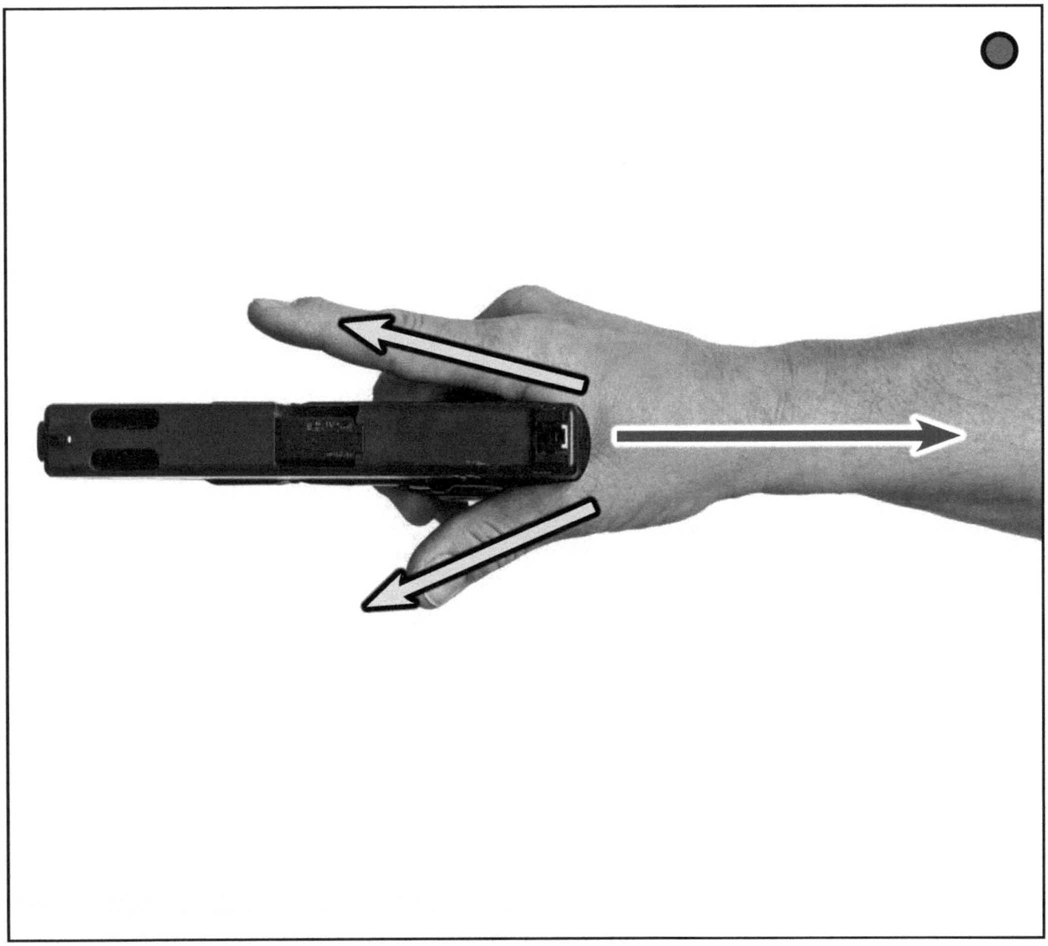

Hier sind Daumen und Zeigefinger weggestreckt, um zu verdeutlichen, dass die Waffe in einem *„V“*, bestehend aus Daumen und Zeigefinger, eingebettet sein soll. Der Verschluss sollte nach Möglichkeit in gerader Linie in Richtung Unterarm verlaufen! Danach werden Daumen und Zeigefinger wieder geschlossen.

KAPITEL III:

Das Laden einer Pistole:

Zunächst nimmt man die Pistole in die Schusshand, umfasst das Griffstück (siehe Pkt II), und hält sie in eine ***sichere Richtung!*** Mit der Nichtschusshand führt man das Magazin in Waffe ein und übt auf den Magazinboden einen leichten Druck aus. Danach überprüft man mittels eines Kontrollzuges am Magazin nach unten, ob das Magazin auch tatsächlich eingerastet ist. Das Einrasten ist im Normalfall durch ein *„Klicken“* hörbar!

Mit der Nichtschusshand zieht man den Verschluss nach hinten und lässt ihn durch die Federkraft der Schließfeder nach vorne schnellen. Die Waffe ist jetzt geladen! Als gewissenhafter Schütze überprüft man dies wiederum dadurch, indem man den Verschluss wenige Millimeter nach hinten zieht und die Patrone im Laderaum durch einen Kontrollblick erkennbar wird. Jetzt lässt man den Verschluss wieder nach vorne gleiten.

Jetzt ist die Waffe feuerbereit oder sie kann bei Bedarf natürlich auch geholstert werden.

Bild 10)
Einführen des Magazins bei horizontaler Waffenhaltung.

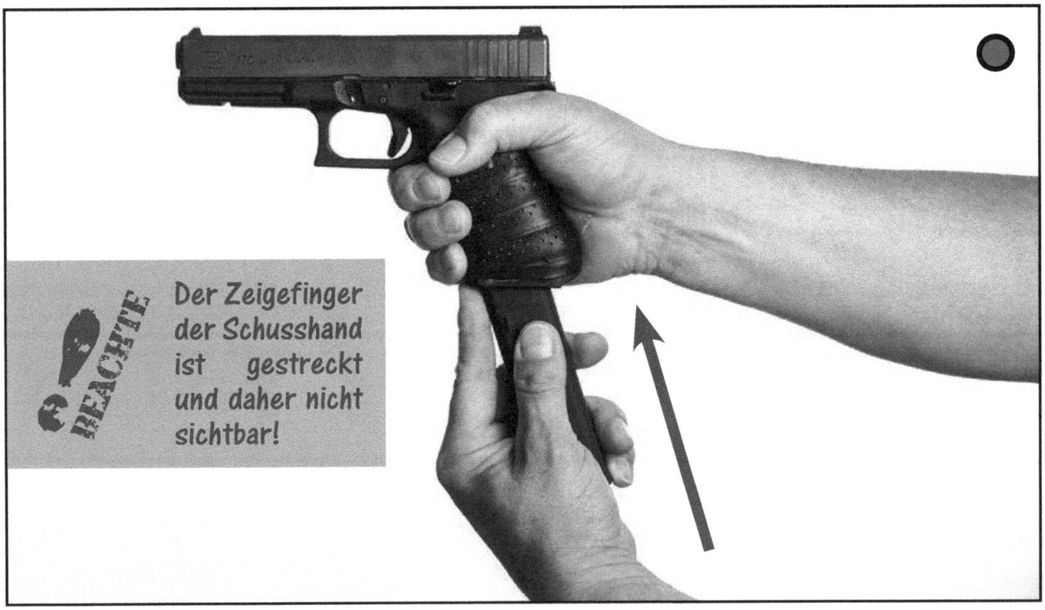

Der Zeigefinger der Nichtschusshand begleitet das Magazin in das Griffstück (Magazinaufnahme) der Waffe und wirkt somit als *„Schiene“*. Mit dem Daumenballen wird ein leichter Druck von unten auf das Magazin ausgeübt.

Bild 11) Einführen des Magazins bei leicht abgesenkter Waffe.

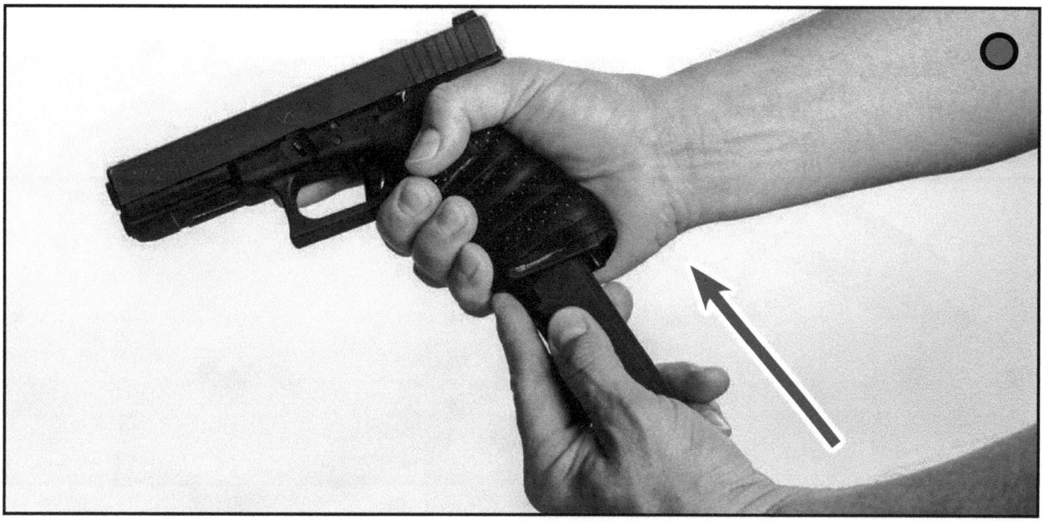

Auch hier das Einführen des Magazins mit leichtem Druck von unten auf den Magazinboden.

Bild 12) Handballendruck von unten auf den Magazinboden.

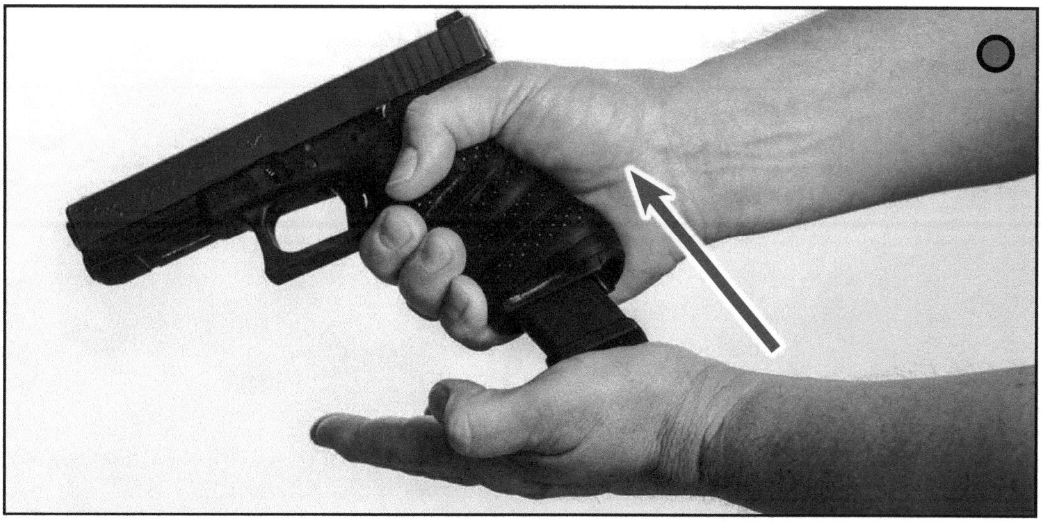

Wichtig: Das Magazin wird *nicht* hineingeschlagen, sondern nur leicht hineingedrückt! Ein leises *„Klicken“* ist dabei hörbar! Ein Hineinschlagen führt lediglich zu einer unnötigen Belastung des Materials.

Bild 13) Kontrollzug am Magazinboden nach unten.

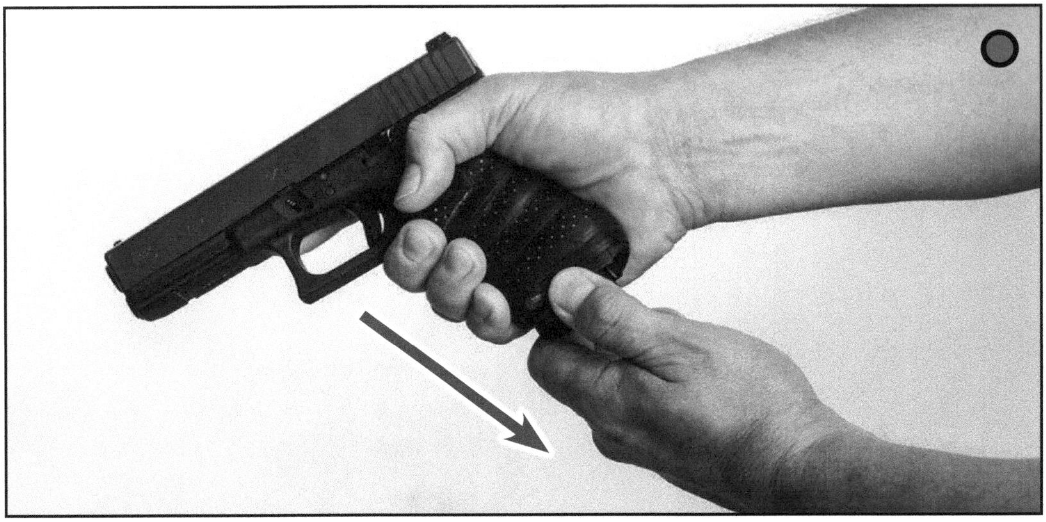

Nachdem das Magazin angesteckt ist, wird mit dem Daumen und dem Zeigefinger der Nichtschusshand am Magazin in Richtung Boden gezogen. Dies ist die Kontrolle dafür, dass das Magazin auch wirklich eingerastet ist und nicht nach dem ersten Schuss wieder zu Boden fällt!

Bild 14) Erfassen des Verschlusses von oben.

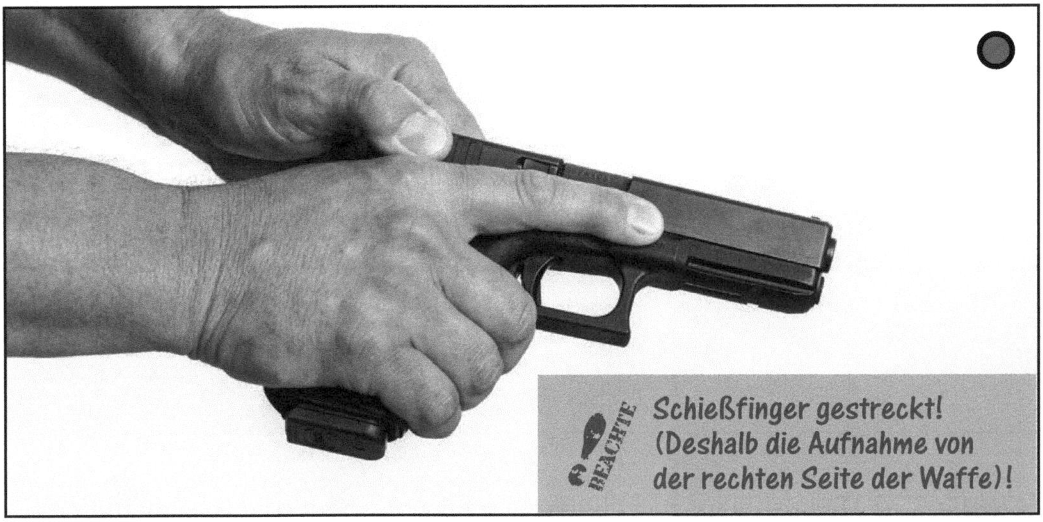

Der Verschluss wird mit Daumen und Zeigefinger im hinteren Bereich erfasst.

Bild 15) Zurückziehen des Verschlusses.

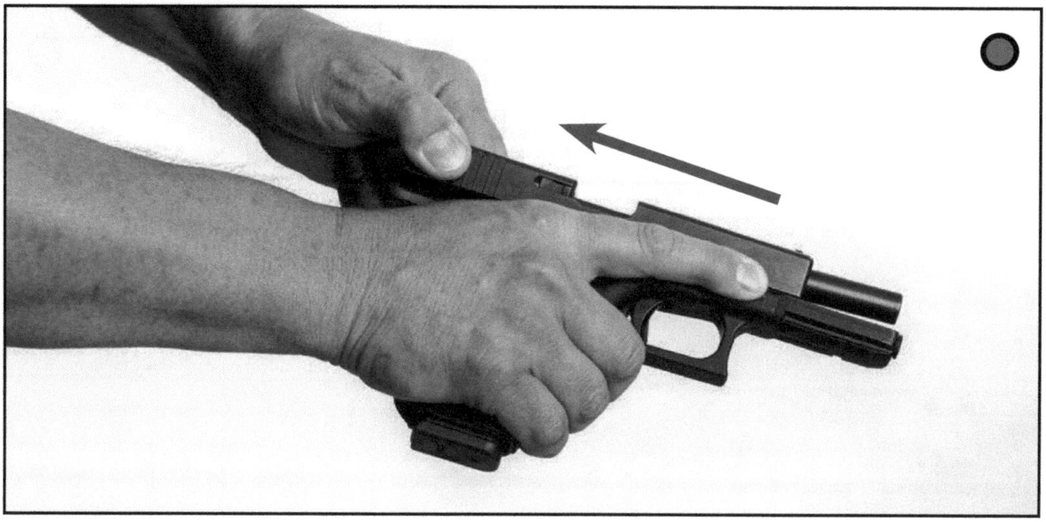

Nach dem Zurückziehen des Verschlusses, wird dieser in der hinteren Position ausgelassen und kann durch die Federkraft der Schließfeder wieder nach vorne schnellen. Durch diesen Vorgang wird eine Patrone aus dem Magazin in den Laderaum repetiert.

Bild 16) Weitere Möglichkeit die Waffe zu laden.

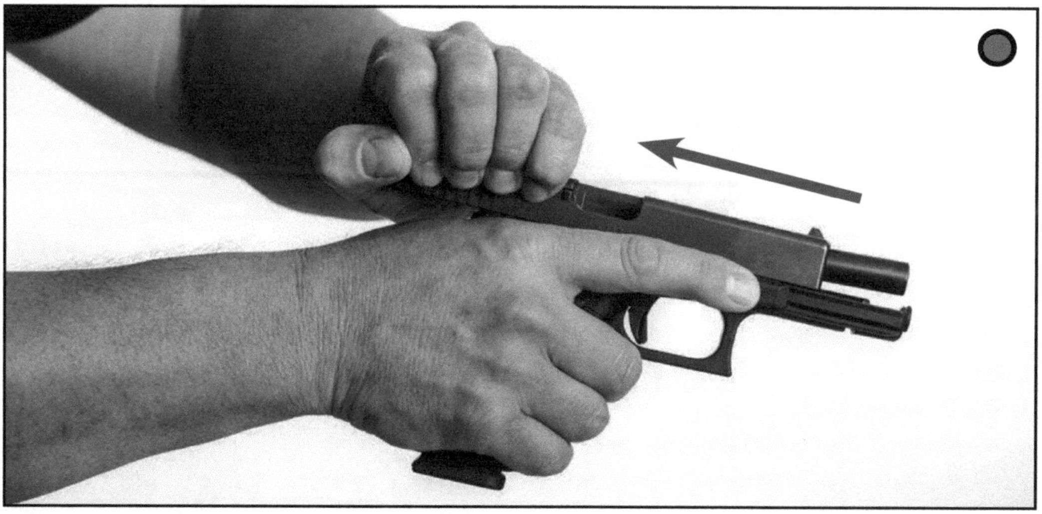

Hier wird der Verschluss der Waffe mit den Fingerspitzen der Nichtschusshand auf seiner *rechten* Seite erfasst und zurückgezogen. Ist Geschmackssache!

Bild 17) Die geladene Waffe – Schießfinger gestreckt!

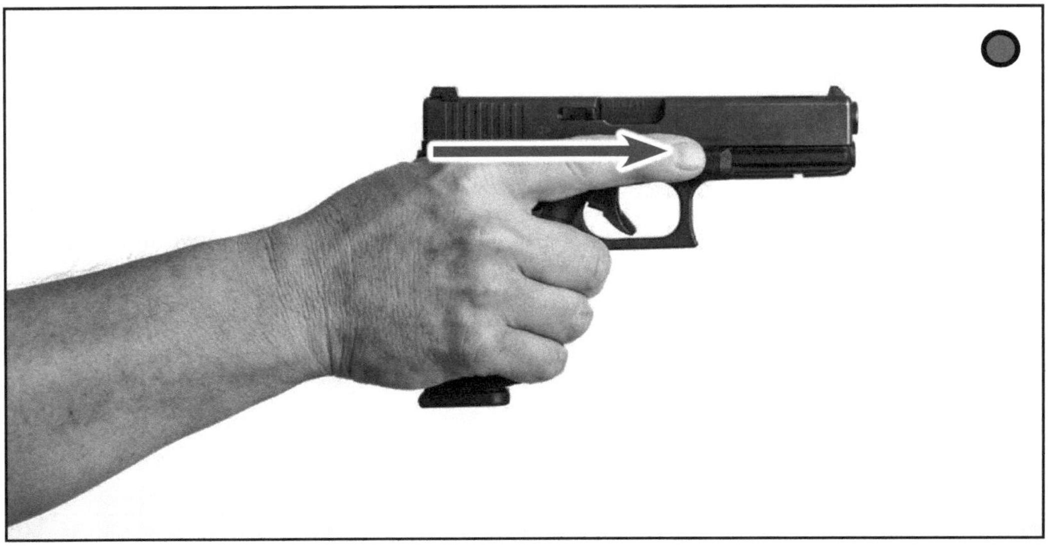

Nach dem Laden der Waffe ist der Abzug in vorderer Stellung.

Bild 18) Einhändiges Laden der Waffe – Grundhaltung.

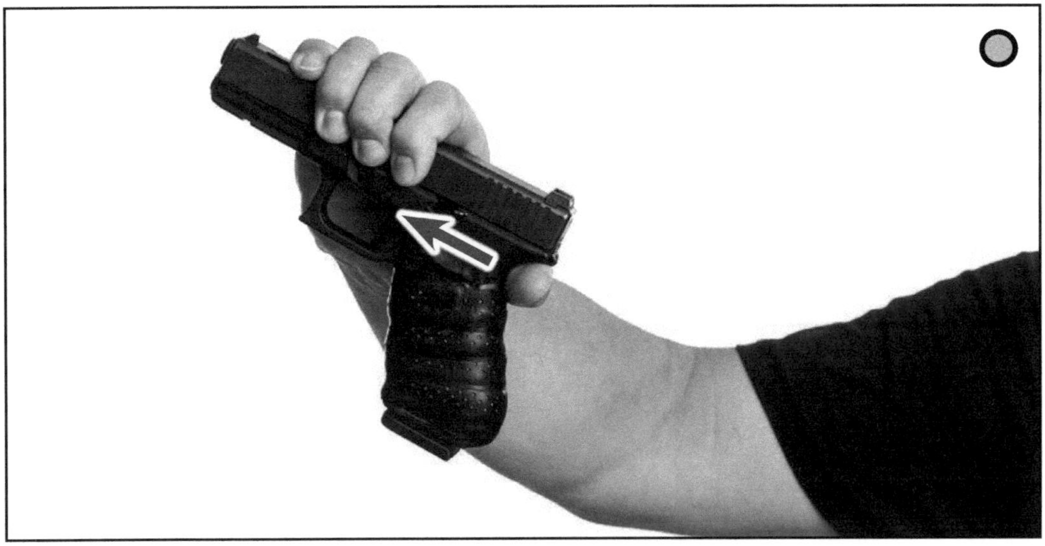

4 Finger umfassen den Verschluss von oben, der Daumen hält im hinteren Bereich des Griffstückes dagegen und baut den Druck in Pfeilrichtung auf!

Bild 19) Der Verschluss wird zurückgezogen.

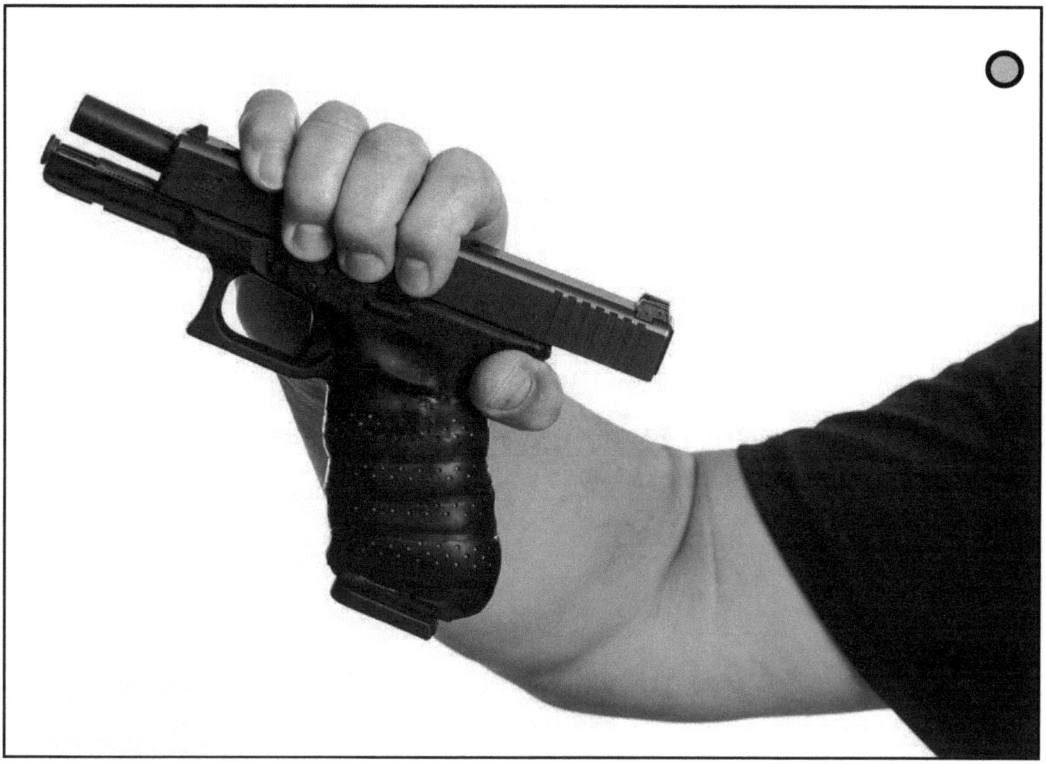

Zur Verdeutlichung wird hier die Waffe nach oben gehalten!

Das einhändige Laden einer Pistole findet im normalen Schießbetrieb wohl kaum Anwendung. Diese Methode wäre höchstens in einer Situation angebracht, bei der wir die Nichtschusshand gerade nicht frei haben, wenn man sich gerade wo festhalten muss (z.B. Parcours), oder am Arm der Nichtschusshand verletzt ist (evtl. Notwehrsituation)!

Abgesehen davon, benötigt man für diese Art des Ladens doch sehr viel Kraft in den Fingern. Auf Schießstätten bzw. im Beisein von anderen Schützen, würde ich diese Art des Ladens *eher nicht empfehlen* und es gibt ansonsten auch keinen vernünftigen Grund dafür! *Ich möchte diese Möglichkeit hier nur erwähnt haben!*

Ob man die Waffe wie auf Bild Nr. 15 oder auf Bild Nr. 16 zu sehen ist, lädt, entscheidet der Schütze selbst. Es macht auch keinen großen Unterschied, welcher der beiden Methoden sich man bedient. Das ist eher Geschmacksache und daher empfiehlt es sich, man sollte beide Methoden einmal ausprobieren und dann selber entscheiden, wie man es schlussendlich machen will!

Dass man den Ladevorgang in eine sichere Richtung durchführt, versteht sich von selbst!

Siehe Kapitel I – Sicherheitsbestimmungen!

Abschließend dazu gibt es noch zu sagen, dass während des Ladevorganges der Schießfinger ***immer*** gestreckt zu sein hat! Ohne Ausnahme! Wie bereits erwähnt, ist der gestreckte Finger ein wichtiges Sicherungselement bei allen Schusswaffen und trägt dazu bei, ein höchstes Maß an Sicherheit zu gewährleisten!

Bild 20) Finger gestreckt – ein wichtiges Sicherungselement!

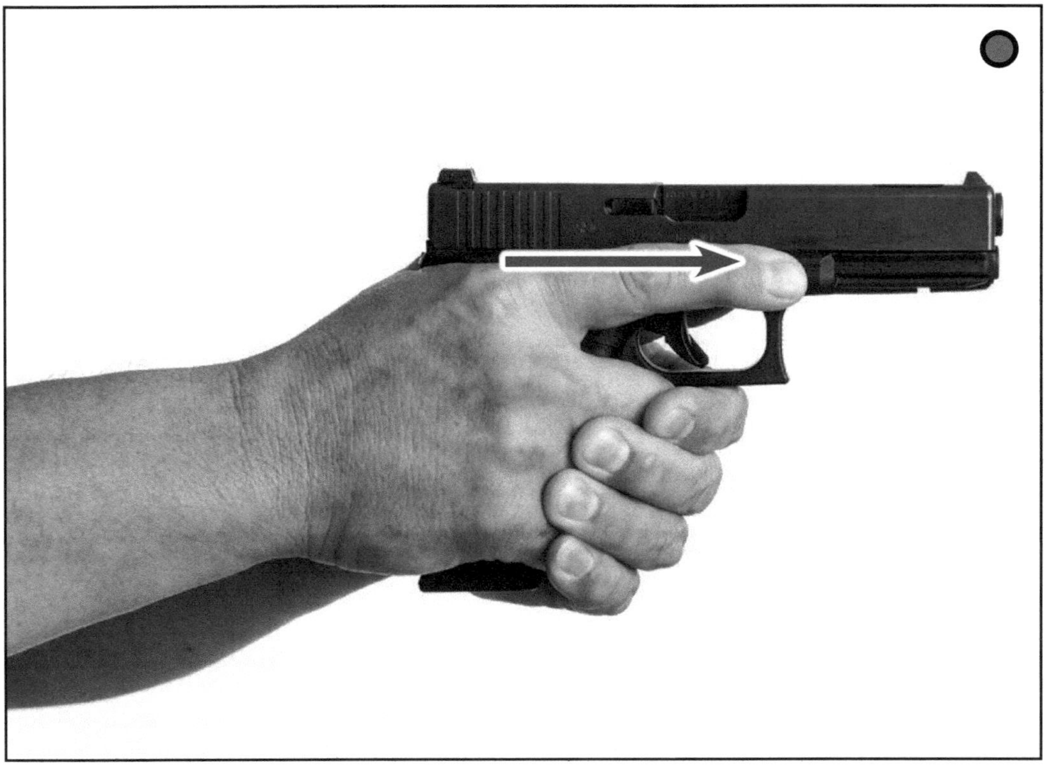

Tipp

Der Finger wird ausnahmslos nur dann auf den Abzug gelegt, wenn wir bewusst einen Schuss abgeben wollen, oder die Waffe entspannt werden soll! *Ansonsten – Finger gestreckt!!!*

KAPITEL IV:

Der Stand:
(beim “Statischen Schießen“)

Was bedeutet „Statisches Schießen“?

Darunter versteht man in der Grundlagenschulung, dass man bei der Schussabgabe seinen Standort (Stellung der Beine) nicht verändert. Man schießt von *einem* Standort aus auf ein oder mehrere Ziele.

Um einen gezielten Schuss abgeben zu können, müssen wir mit beiden Füßen zunächst maximalen Bodenkontakt haben. Auf Zehenspitzen zu schießen – wenn auch nur teilweise – ist absolut nicht empfehlenswert. Genauso wie das Anheben von auch nur einer Ferse ist keinesfalls vorteilhaft! So wie in sehr vielen anderen Sportarten ist es auch beim Schießen sehr wichtig, dass man sich beim *„Statischen Schießen“* einen guten, stabilen Stand aneignet. Je stabiler der Stand, desto höher die Trefferwahrscheinlichkeit. Balance ist hier gefragt!

Es ist auch nicht zielführend, stocksteif in eine Schießposition zu gehen, sondern man kann die Knie ganz leicht beugen. Aber Vorsicht! Eine zu hohe Beugung der Kniegelenke würde wiederum zu einer höheren Kraftanstrengung in den Oberschenkel führen und schneller müde machen. Um für sich die beste Schießposition herauszufinden, muss man sich mit dem Stand eingehend beschäftigen und selber ausreichend probieren.

Grundsätzlich unterscheidet man beim stehenden Schießen zwei Arten, um sich gut hinzustellen:

1. Man schießt in einer natürlichen ***Schrittstellung*** (die Schrittlänge hängt vom eigenen Empfinden ab), wobei der Oberkörper auch leicht verdreht sein kann, oder

2. man schießt in einer sogenannten ***Parallelstellung***, wobei der Oberkörper frontal zum Ziel gerichtet ist.

Bevor man sich für eine Art der beiden Möglichkeiten entscheidet, wie man sich beim statischen Schießen schlussendlich hinstellen und trainieren möchte, sollte man sich ausgiebig mit beiden Varianten auseinandersetzen!

Es wird dabei auch nicht genügen, sich einfach zu Hause im Wohnzimmer hinzustellen um den richtigen Stand für sich zu finden, sondern es wird sicher einige Zeit und vor allem Training im scharfen Schuss notwendig sein, den richtigen Stand für sich selber zu finden.

Daher schlage ich vor, die „Standfindung“ im scharfen Schuss durchzuführen. Nur so hat man realistische Trainingsmöglichkeiten und kann zu einem vernünftigen Ergebnis kommen!

I.) DIE SCHRITTSTELLUNG:

Bild 21): Stand in der Schrittstellung.

Seitenansicht von links – Schießhaltung.

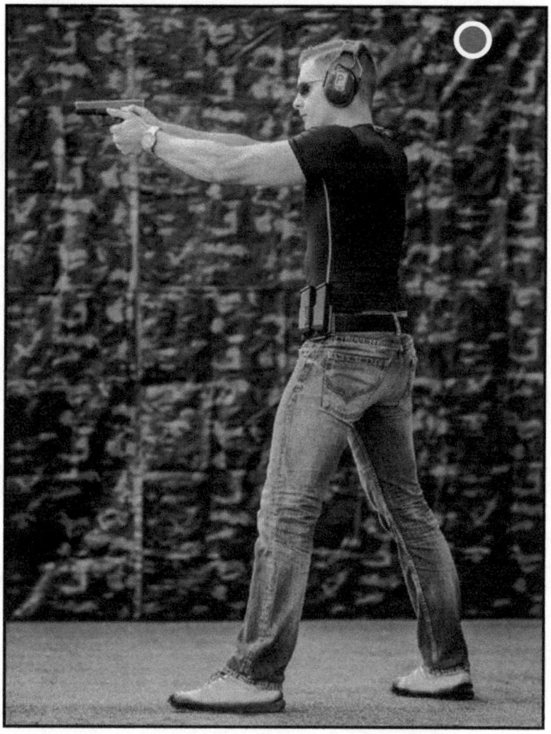

In der Seitenansicht ist oftmals bei manchen Schützen auch eine leichte Oberkörperverdrehung zu erkennen, dadurch dreht sich auch der Schultergürtel in die jeweilige Richtung. Eine zu hohe Überdehnung sollte nicht stattfinden, denn es könnte zu einer ungewollten Körper***ver***spannung kommen, welche unvorteilhaft ist. Man würde zu sehr verkrampfen. Jedoch eine angemessene Körper***an***spannung hingegen ist hier sehr wohl erwünscht. Beim Rechtsschützen ist das *linke* Bein in Schrittlänge bzw. Schulterbreite nach vorgestellt. Beim Linksschützen umgekehrt. Die Waffe auf ein Ziel zu richten nennt man *Anschlag*!

Inwieweit man den Oberkörper verdreht, hängt individuell vom eigenen Gefühl des Schützen ab! Nicht jeder Schütze positioniert sich bei einer Schussabgabe gleich! Falsch wäre es aber, wenn man als Rechtsschütze das rechte Bein nach vorne stellen würde, denn dabei käme es zu einer zu starken Drehung der Wirbelsäule und des Beckens! Selber ausprobieren, dann merkt man es!

Bild 22): Stand in der Schrittstellung.

Seitenansicht von rechts – Schießhaltung.

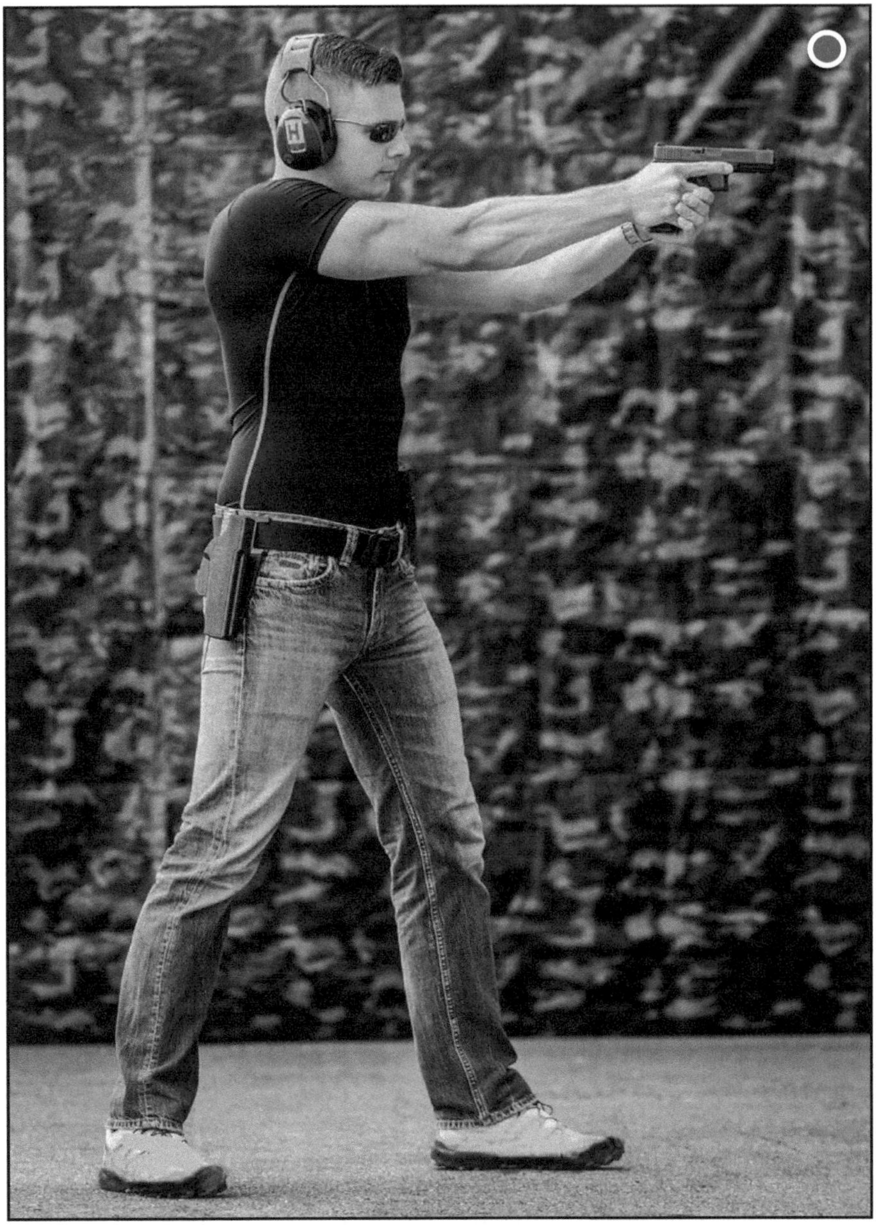

Hier ist eine mäßig leichte Oberkörperdrehung zu erkennen. Mit der Oberkörperdrehung ist meist auch eine Beckendrehung verbunden. Man kann in der Schrittstellung den Oberkörper aber auch frontal zum Ziel drehen. Dies ist abhängig vom persönlichen Empfinden des Schützen.

Unterschied: Körper***ver***spannung – Körper***an***spannung!

Bei einer Körper***ver***spannung werden verschiedene Muskelgruppen (abhängig von der jeweiligen Körperhaltung) in einer Weise belastet, sodass sich diese Verspannungen auf den Schützen bei der Schussabgabe eher ungünstig auswirken.

Solche Verspannungen wirken eher störend auf uns ein. Dies kann so weit gehen, dass die Verspannungen kurzzeitig eventuell auch leichte Schmerzen auslösen können und daher bei der Abgabe eines gezielten Schusses von Nachteil sind. Wir sollen uns ja auf die Schussabgabe konzentrieren können! Störende Einflüsse auf die Schussabgabe *(siehe Kapitel VIII)* sind hier nachteilig!

Bei einer Körper***an***spannung hingegen werden die entsprechenden Muskelgruppen vom Schützen nur so weit belastet, sodass diese Spannungen lediglich die *notwendige Stütze* der beabsichtigten Muskelgruppen darstellen.

Ein schlaffer Stand ohne richtige Muskelspannung bietet keine Unterstützung und sollte daher vermieden werden. Auch richtige Muskelspannung sollte und kann trainiert werden!

Tipp

Es gibt für richtige Körperspannungen beim Schießen verschiedene Muskelaufbauübungen! Wer Schießen mit Köpfchen und dementsprechendem Ernst und Sorgfalt ausüben möchte, der sollte sich auch dahingehend intensiv damit beschäftigen und auch körperlich trainieren.

Bild 23): Stand in der Schrittstellung.

Frontalansicht.

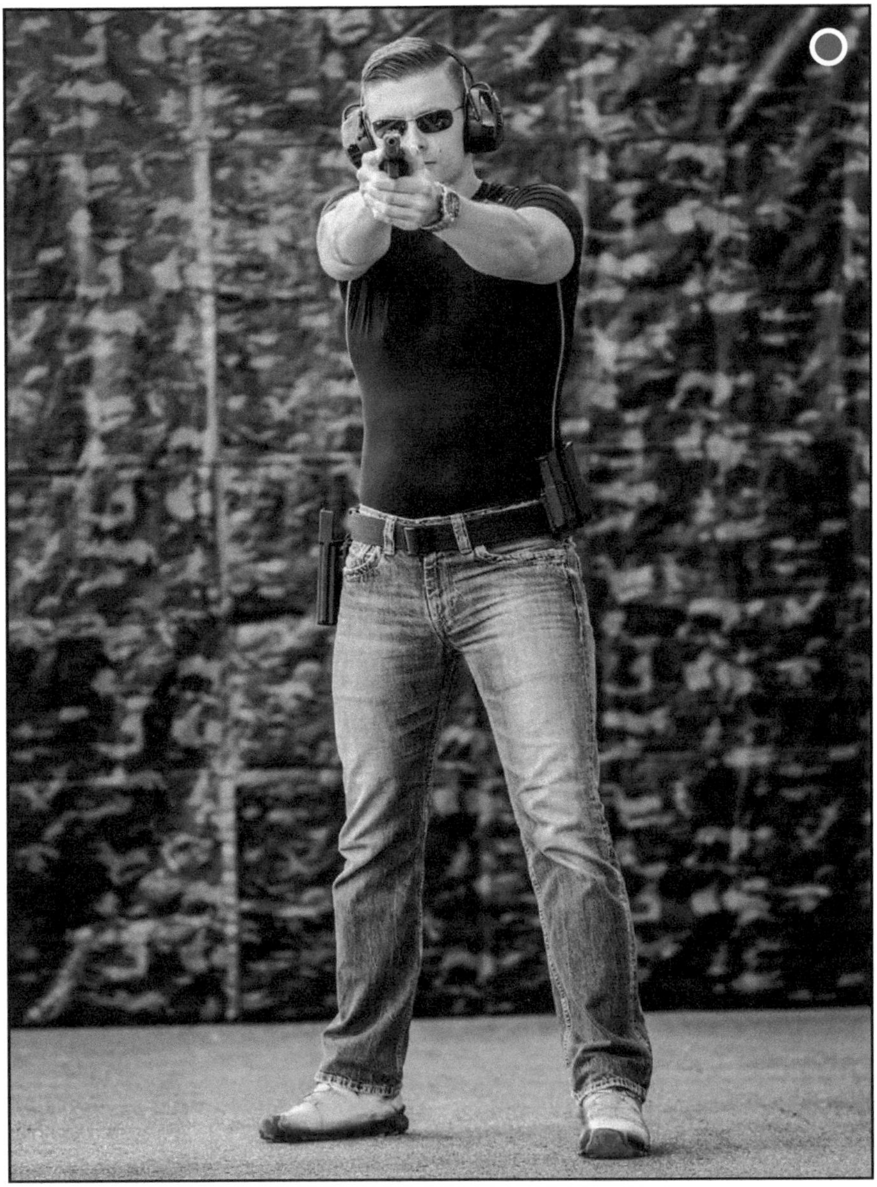

Hier erkennt man, dass der Ellbogen der Schusshand (hier Rechtsschütze) nahezu gestreckt, jedoch der Ellbogen der Nichtschusshand leicht nach unten gebeugt ist! Das rechte Bein ist leicht nach hinten gestellt, der Oberkörper kann auch geringfügig nach vorne geneigt werden. Ein stärkeres Absenken des Ellbogens der Nichtschusshand hängt wiederum vom eigenen Empfinden ab.

Bild 24): Stand in der Schrittstellung.

Draufsicht.

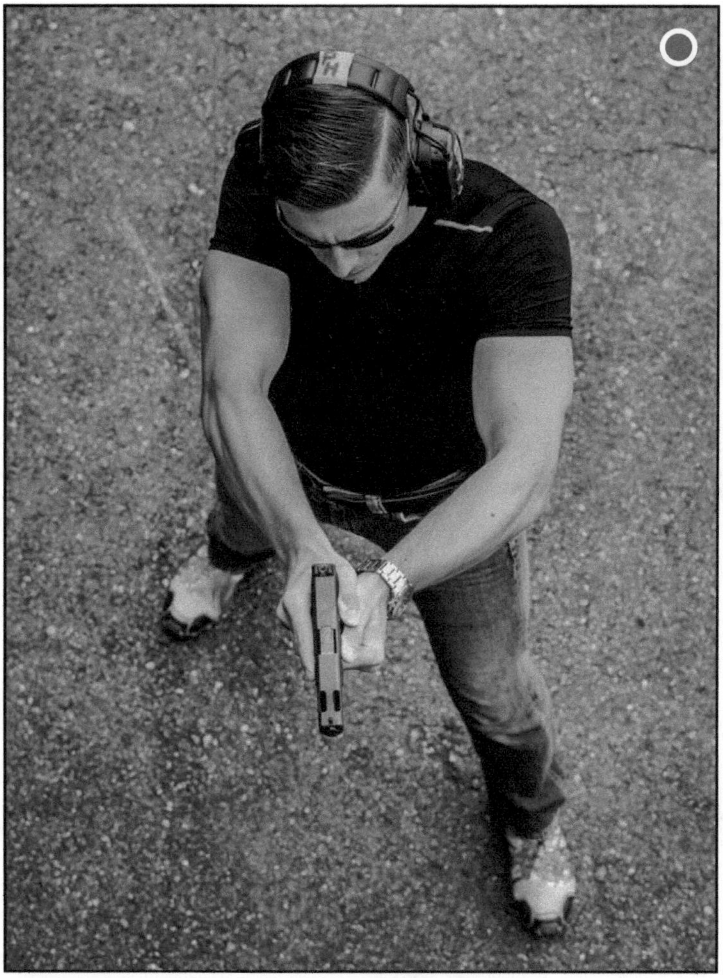

Hier sind deutlich die abgewinkelten Arme des Schützen erkennbar. Würde man beide Arme zur Gänze durchstrecken ***und*** die Ellbogengelenke bis zur Vollständigkeit verriegeln, so würde sich der Rückstoß ohne durch die Ellbogengelenke abgefedert zu werden, direkt auf die Schultergelenke übertragen. Dies wiederum hätte zur Folge, dass bei schnelleren Schussfolgen der Oberkörper nach hinten gedrückt werden würde. Schlussendlich hätten wir den Stand, der auf Bild 25 dargestellt ist!

Mit der Balance wäre es dann vorbei.

Aber Achtung: Hier gibt es einen kleinen, aber feinen Unterschied zu Bild Nr. 29!

Bild 25): Stand in der Schrittstellung.

Rückenlage.

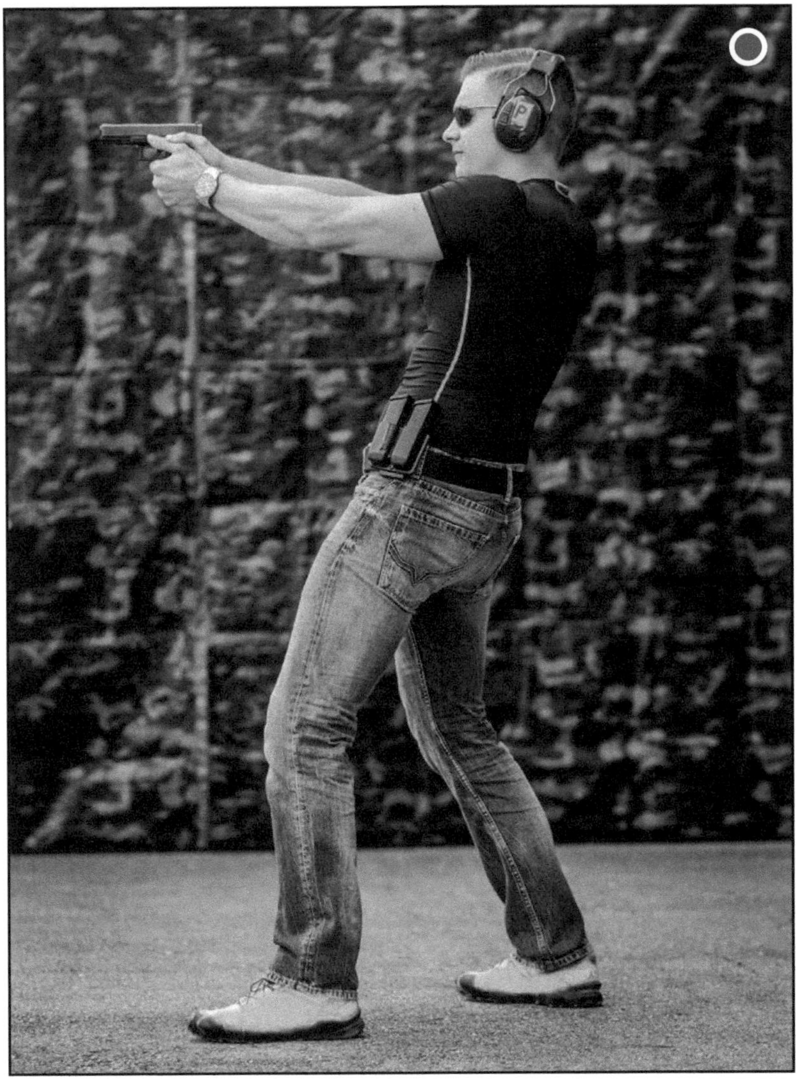

Wenn man sich in so eine Position bringt und versucht gut zu treffen, werden die ersten Fehlschüsse nicht lange auf sich warten lassen. Hier stimmt weder die Körperhaltung, noch die Gewichtsverlagerung.

Je nach Kaliber Waffe wird auch hier der Rückstoß bei schnelleren Schussfolgen dafür sorgen, dass man irgendwann einmal einen Schritt nach hinten machen wird müssen. Somit wäre das Gleichgewicht gebrochen und man müsste sich neu positionieren! Absolut unbrauchbar!

Bild 26): Stand in der Schrittstellung.

Vorlage.

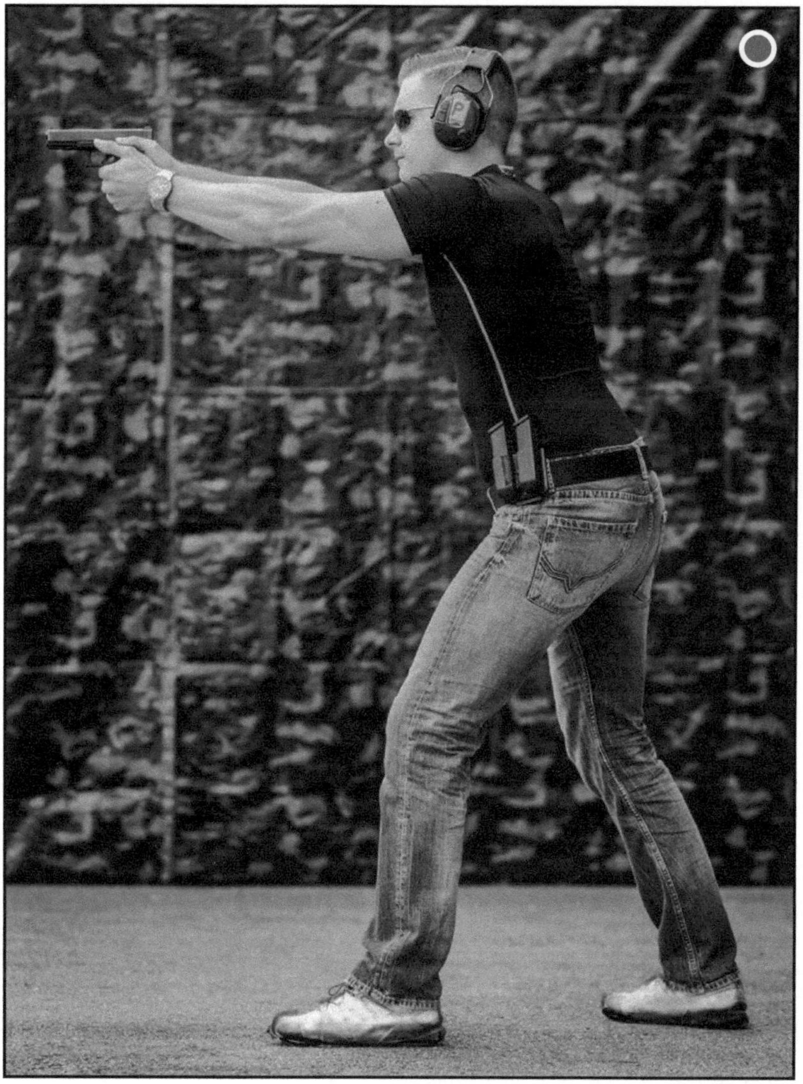

Bei dieser Position ist der Oberkörper des Schützen leicht nach vorne gebeugt. Auch so kann man einen guten, stabilen Stand haben.
Vorsichtig sein muss man allerdings dann, wenn die Vorneigung zu stark wird, denn dann stimmt die Gewichtsverteilung auf beide Beine nicht, und die Stabilität wird nicht mehr gegeben sein.

Auch hier gilt wieder: Mehrere Varianten im scharfen Schuss üben und sich dann für eine Position entscheiden!

2.) DIE PARALLELSTELLUNG:

Bild 27): Stand in der Parallelstellung.

Frontalansicht.

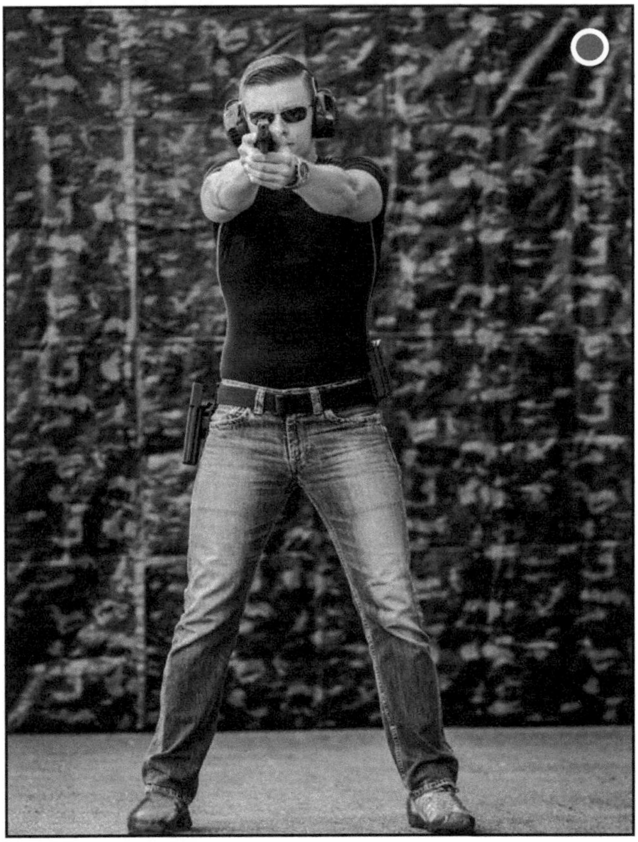

Hier erkennt man die stark schulterbreite Beinstellung. Die Arme sind geradeaus nach vorne gestreckt, die Ellenbogengelenke *nicht* ganz durchgestreckt! Achtung: Auch hier siehe Beschreibung Bild Nr. 24! Der Oberkörper frontal zum Ziel. Dieser kann auch leicht nach vorne geneigt werden.

Man muss auch darauf achten, um nicht ins *„Hohlkreuz“* zu kommen. Das könnte einen Stabilitätsverlust bedeuten und sich negativ auf das Trefferergebnis auswirken. Bei der Draufsicht auf das Bild Nr. 29 erkennt man deutlich den Unterschied zur Schrittstellung.

Der Abstand zwischen den Füßen hängt individuell von der Körpergröße und dem persönlichen „Wohlfühlfaktor“ ab.

Bild 28): Stand in der Parallelstellung.

Seitenansicht.

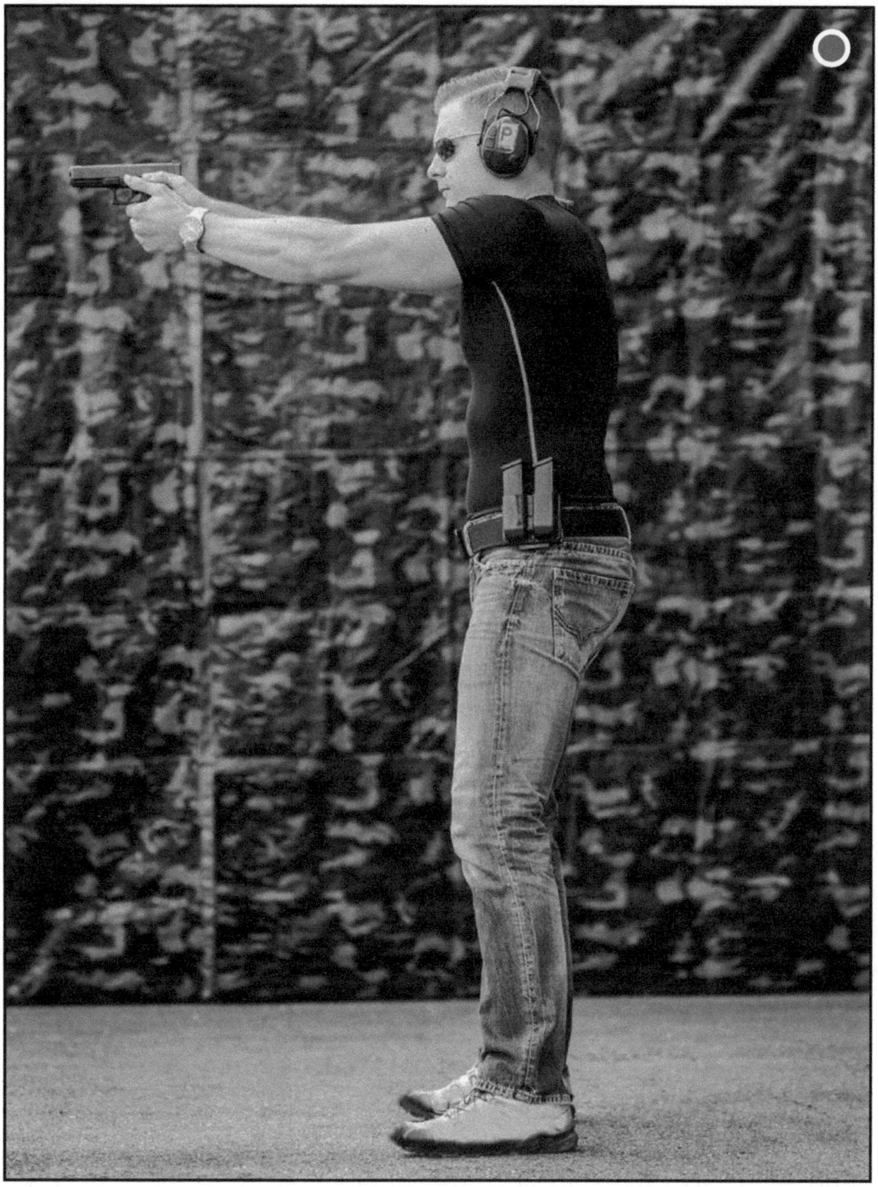

Die Seitenansicht zeigt, dass beide Füße mit den Fersen am Boden und nahezu parallel zueinanderstehen, sowie der Oberköper frontal zum Ziel gerichtet ist. Vorsicht: Die Ellbogengelenke nicht ganz verriegeln! Ob man etwas in die Hocke geht und dabei den Körperschwerpunkt etwas tiefer legt, oder den Oberkörper leicht nach vorne neigt, entscheidet der Schütze für sich selbst!

Bild 29): Stand in der Parallelstellung.

Draufsicht.

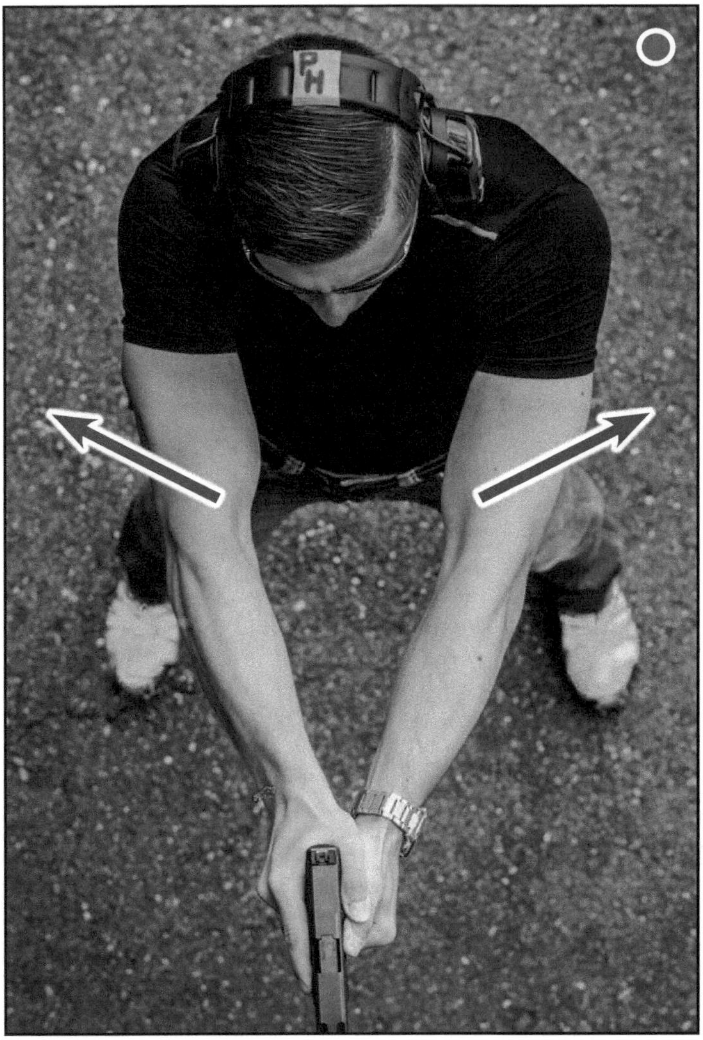

Der Schütze steht mit etwa schulterbreit gestellten Beinen und mit dem Oberkörper frontal zum Ziel. Die Arme sind gleichschenkelig in Richtung Ziel gestreckt und nicht abgewinkelt, aber die Ellbogengelenke *nicht starr verriegelt* (kann man am Foto nicht erkennen). Vergleiche mit Bild Nr. 24! Ein Abfedern des Rückstoßes muss gewährleistet sein! Bei der Draufsicht auf das Bild erkennt man deutlich den Unterschied zur Schrittstellung.

Die Energie des Rückstoßes wird auch in den Ellbogengelenken aufgenommen und stoßdämpferartig etwa in Pfeilrichtung abgebaut!

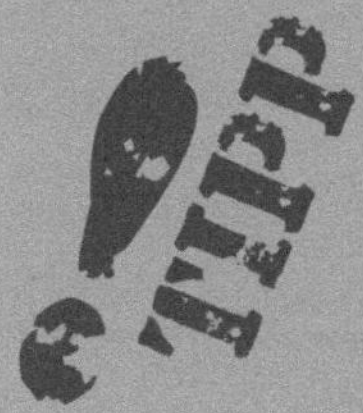

Bei einem guten Stand ist es immer von Vorteil, wenn die Füße in einem etwa schulterbreiten Abstand (kann auch etwas breiter sein) zu einander am Boden stehen. Die Fersen beider Füße sollten nach Möglichkeit ganz am Boden abgesetzt werden, um so mit den Fußsohlen maximalen Bodenkontakt zu haben.

Allzu breit sollten wir uns jedoch nicht positionieren, da eine übertriebene Grätsche uns in den Oberschenkeln nur unnötige Kraftverschwendung bescheren würde. Auch der Körperschwerpunkt sinkt dadurch zu sehr nach unten. Wer in einer solchen Position schießen möchte, der muss schon ein geübter Schütze sein. Hier befinden wir uns schon eher in der Vorstufe des dynamischen Wettkampfschießens.
Und bis dahin ist sehr viel Training erforderlich!

Zusammenfassung:

Wir wissen bereits, dass ein guter Stand beim Schießen sehr wichtig ist. Für welche Art man sich entscheidet, hängt vom eigenen Empfinden ab. Zu weite Vor- oder Rückenlagen wirken sich negativ auf unser Balancegefühl aus und sollten daher vermieden werden.

Auch die Streckung der Arme bzw. das Abwinkeln der Ellbogengelenke ist ebenfalls abhängig vom „persönlichen Wohlfühlfaktor“!

Wichtig dabei ist jedenfalls, dass eine absolut *„starre Verriegelung“* der Ellbogengelenke auf Grund des Rückstoßes einer Waffe vermieden werden sollte. Die Ellbogengelenke sollen beim Abfeuern der Waffe die frei werdende Rückstoßenergie wie zwei Stoßdämpfer abfedern können, damit wir im Gleichgewicht bleiben. Der Rückstoß ist natürlich vom Kaliber abhängig!

Patentrezepte gibt es auch für den Stand und die Körperhaltung nicht!

Position „Süd“ – Position „Nord“.

Unter *„Position Süd“* versteht man eine Waffenhaltung, bei der die Waffe mit beiden Händen, direkt vor dem Körper, *gerade oder leicht schräg nach unten* (Richtung Boden in *„südliche Richtung“*) gehalten wird, und findet so auch im taktischen Feuerkampf Anwendung.

Diese Position hat den Vorteil, dass man notfalls sehr lange in derselben bleiben kann, ohne dass die Arme dabei ermüden.

Ein weiterer Vorteil liegt darin, dass die Waffe durch das enge Führen am Körper, vor dem überraschenden Zugriff anderer Personen geschützt ist. Weiters ist es aus dieser Position heraus dem Schützen möglich, die Waffe sehr schnell in den Anschlag zu bringen!

Ich habe oft verschiedene Methoden ausprobiert, um meine Pistole in diversen Waffenhaltungen bei Durchsuchungen von Objekten oder Geländeabschnitten zu führen. Dies sowohl häufig bei Echteinsätzen, aber auch zu Übungszwecken. Wenn man dann für sich selber zwischen den verschiedenen Waffenhaltungen Vergleiche zieht, dann merkt man bald, welche Art der Waffenhaltung man für sich wählt. Ständiges Training ist auch hier von Vorteil, um möglichst rasch zu einem zufriedenstellenden Ergebnis zu kommen.

Ein amerikanischer Schießausbilder dürfte es nach meinen Recherchen gewesen sein, der die oben angeführten Waffenhaltungen vor vielen Jahren gelehrt hat. Diese Waffenhaltungen sind nicht von mir geformt worden, sondern man sieht sie auch sehr häufig bei diversen Schießveranstaltungen.

Genauso gut kann man auch die Ausdrücke *„Position 12“* für *„Nord“* bzw. *„Position 6“* für *„Süd“* im Sinne des Ziffernblattes einer Uhr verwenden. Geschmackssache!

Bild 30):
Führen der Waffe in „Position Süd“

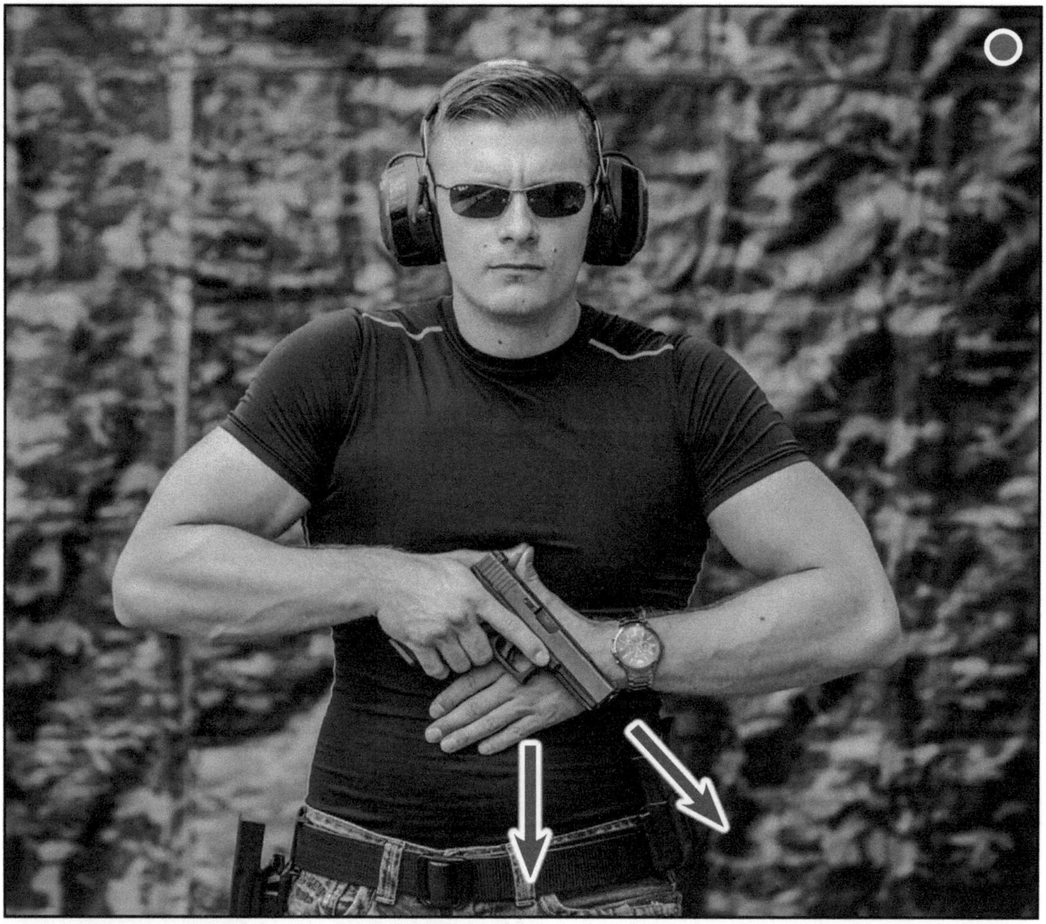

Die Waffe bei *„Position Süd“* kann *gerade nach unten oder leicht schräg* nach unten geführt werden. Auch dies wird in diesem Zusammenhang vom jeweiligen Schützen abhängig sein! Niemand wird den Winkel der Waffe nach unten nachmessen!

Wesentlich wichtiger als der exakte Winkel nach unten für diese Waffenhaltung ist es, dass die Waffe sehr nahe am Körper geführt wird und trotzdem sehr schnell eingesetzt werden kann! Wie bereits erwähnt, werden bei dieser Waffenhaltung die Arme eher spät Ermüdungserscheinungen zeigen, was für uns wiederum ein Vorteil ist!

Beide Waffenhaltungen (Süd-Nord) sind auch auf Langwaffen anwendbar!

Position „Nord“:

Unter *„Position Nord“* versteht man eine Waffenhaltung, bei der die Waffe eben nicht nach unten – *„Süden“* – sondern nach oben in Richtung *„Norden“* gehalten wird.
Der Vorteil bei dieser Waffenhaltung ist es, dass man bei einer etwaigen Kopfdrehung einen guten Überblick über seine Umgebung und gleichzeitig die Waffe immer im eigenen Gesichtsbereich unter Kontrolle hat. Der Neigungswinkel der Waffe kann natürlich auch hier etwas variieren.

Weiters lässt sich in dieser Position auch leichter ein Magazinwechsel durchführen, da wir mit der Waffe sehr körpernahe arbeiten können!
Auch mit dieser Waffenhaltung ist es möglich, die Waffe sehr schnell in den Anschlag bringen zu können.

Der Nachteil liegt darin, dass man seine Arme nicht ewig in dieser Position halten kann und wesentlich schneller ermüdet als bei der *„Position Süd“*.

Bild 31):
Führen der Waffe in „Position Nord“

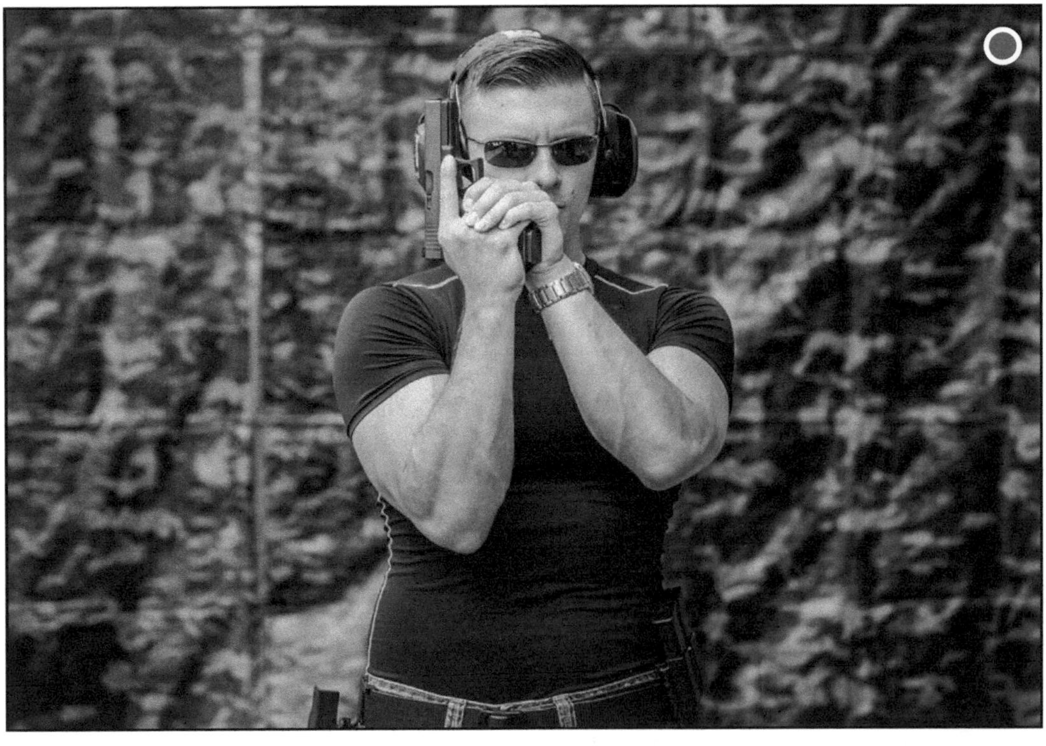

Aber Vorsicht: Nur nicht zu sehr das Blickfeld verdecken!

KAPITEL V:

Der Ziehvorgang

Wenn man eine Waffe aus dem Holster ziehen will und es soll schnell geschossen werden (z.B. wettkampfmäßig), so ist es wichtig, dass bereits der erste Griff zur Waffe sitzt. Nur so können wir Zeit sparen, denn ein unkontrolliertes Herummurksen am Griffstück beim Ziehvorgang führt zu nichts. Eine aus dem Holster gezogene Waffe erst im Anschlag zu *justieren*, um die Visierlinie ins Ziel bringen zu können, ist zeitaufwendig und beim schnellen Schießen sehr nachteilig. Da entscheiden Bruchteile einer Sekunde über Treffer oder Fehlschuss!

Hier liegt das Geheimnis der Schnelligkeit wiederum in der Übung. Je öfter man übt, desto sicherer und präziser wird der Ziehvorgang sein und desto schneller bringt man die Visierlinie ins Ziel.

Es gibt im Handel eine Unmenge an verschiedenen Holstern. In vielen Ausführungen, in vielen Farben, in verschiedensten Materialien und Verarbeitungen, und natürlich auch, um diese an verschiedenen Körperstellen (Gürtelholster, Innenbundholster, Schulterholster etc.) zu positionieren. Aber eines haben sie gemeinsam: Man muss mit ihnen den Ziehvorgang üben!!

Ich beschränke mich hier auf den Gürtelholster, welcher schusshandseitig getragen wird. Diverse Gürtelholster kann man auch auf der Nichtschusshandseite tragen, die Waffe wird in solchem Fall daher *über Kreuz* gezogen. Sieht vielleicht toll aus, erinnert mich aber eher an einen drittklassigen Western oder Krimi.

Der Bewegungsablauf:

Zunächst bringt man die Schusshand auf Höhe der Waffe. Danach brauchen wir einen wie unter Pkt. II beschriebenen guten Waffengriff am Griffstück. Richtiges Erfassen der Waffe ist in diesem Moment die Grundlage für einen gelungenen Ziehvorgang!

Die Waffe wird aus dem Holster gezogen, mit der Schusshand auf kürzestem Wege vor die Körpermitte geführt und *mit beiden Händen* ca. auf etwa Höhe des Magens oder Brustbeines ergriffen. Die Nichtschusshand unterstützt hier die Schusshand, indem sie von der linken Seite an die Waffe herangeführt wird und die Waffe umfasst.

Aus dieser Position heraus führt man die Waffe stoßartig in Richtung Ziel. Dabei soll man darauf achten, dass die Bewegung vom Holster bis zum gezielten Anschlag eine runde Bewegung ist und nicht eckig wird. Das heißt, dass man die Waffe, welche man vor dem Körper mit beiden Händen ergriffen hat, nicht unbedingt davor abstoppen muss, sondern dass es zu einem gleitenden, flüssigen Bewegungsablauf in Zielrichtung kommen soll. Aber auch hier spielt das persönliche Empfinden des Schützen eine große Rolle!

Um von vorne herein eventeuelle Fehler beim Ziehvorgang aufzuzeigen, beschäftigen wir uns zunächst mit dem falschen Ziehvorgang!

Beim Ziehvorgang schleichen sich sehr oft 2 klassische Fehler ein:

1.) Die Waffe wird unmittelbar nach dem Ziehvorgang mit der Schusshand *zuerst in Richtung Boden* geführt, bzw. *nach unten geschwenkt* (Bild Nr. 32.). Danach kommt die NSH zur Unterstützung (Pfeil). Dies bedeutet, dass der Weg mit der Waffe vom Holster bis zum Anschlag Richtung Ziel zunächst nach unten führt und erst danach wieder nach oben in Richtung Ziel. Man beschreibt durch diesen Ziehvorgang ein unnötiges *„S“*. Dadurch verlängert sich der Weg der Waffe bis zum Anschlag Richtung Ziel nur unnötig und kostet daher Zeit. Beim wettkampfmäßigen Schießen ist dies natürlich sehr nachteilig.

2.) Die Waffe wird unmittelbar nach dem Ziehvorgang vor dem Gesicht *über den Kopf* in Richtung Ziel geführt (Bilder Nr. 36, 37 u. 38). Auch hier verschenkt man unnötig Zeit, da der Weg nach oben in Richtung Ziel länger wird. Außerdem verdecken wir mit der Waffe in dem Moment, wo wir diese nach oben führen schon ein erstes Mal das Ziel, und ein zweites Mal wieder, wenn wir die Waffe wieder nach unten in Richtung Ziel führen. Das führt dazu, dass man erst *danach* ein Visierbild aufbauen kann. Und das kostet wieder Zeit.

Sehen wir uns zunächst den falschen Ziehvorgang an:

Bild 32) Falscher Ziehvorgang – siehe Absatz 1.

Seitenansicht.

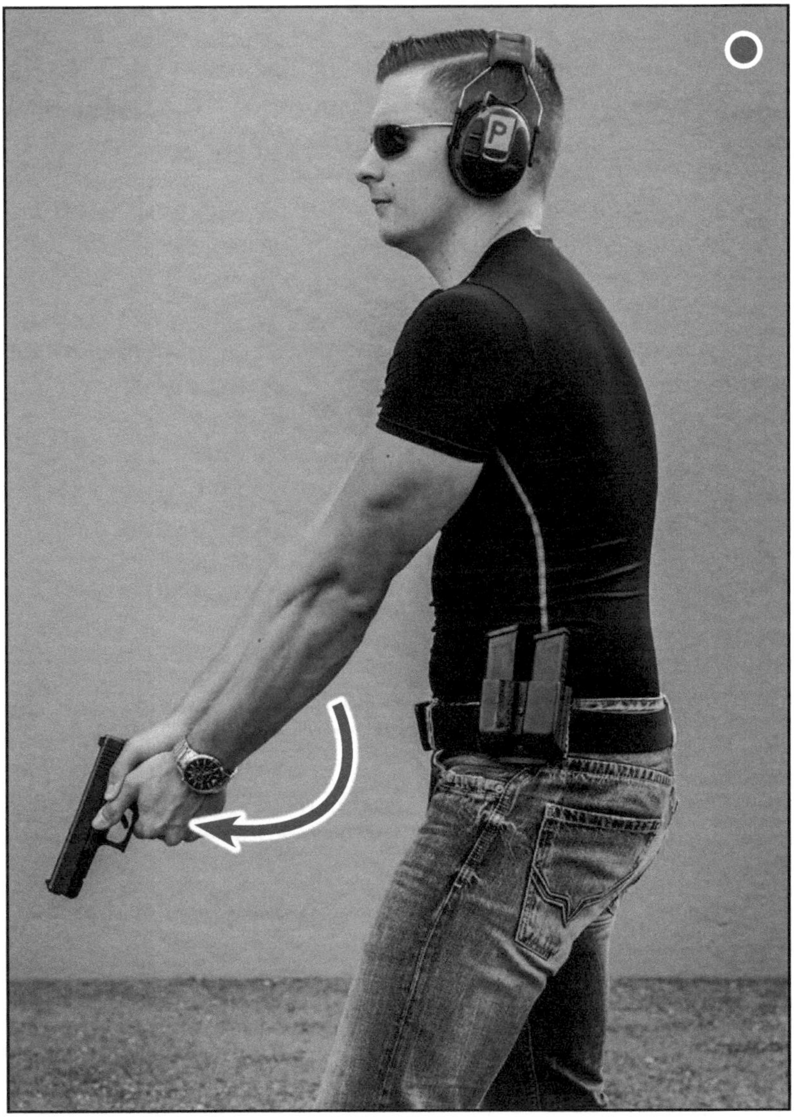

Die Waffe wird nach dem Ziehen aus dem Holster vor dem Körper abgesenkt. Dies bringt rein gar nichts, denn der Weg bis zur Schießhaltung (Zielaufnahme) verlängert sich dadurch nur unnötig und man verliert damit Zeit!

Bild 34) Falscher Ziehvorgang.

Seitenansicht.

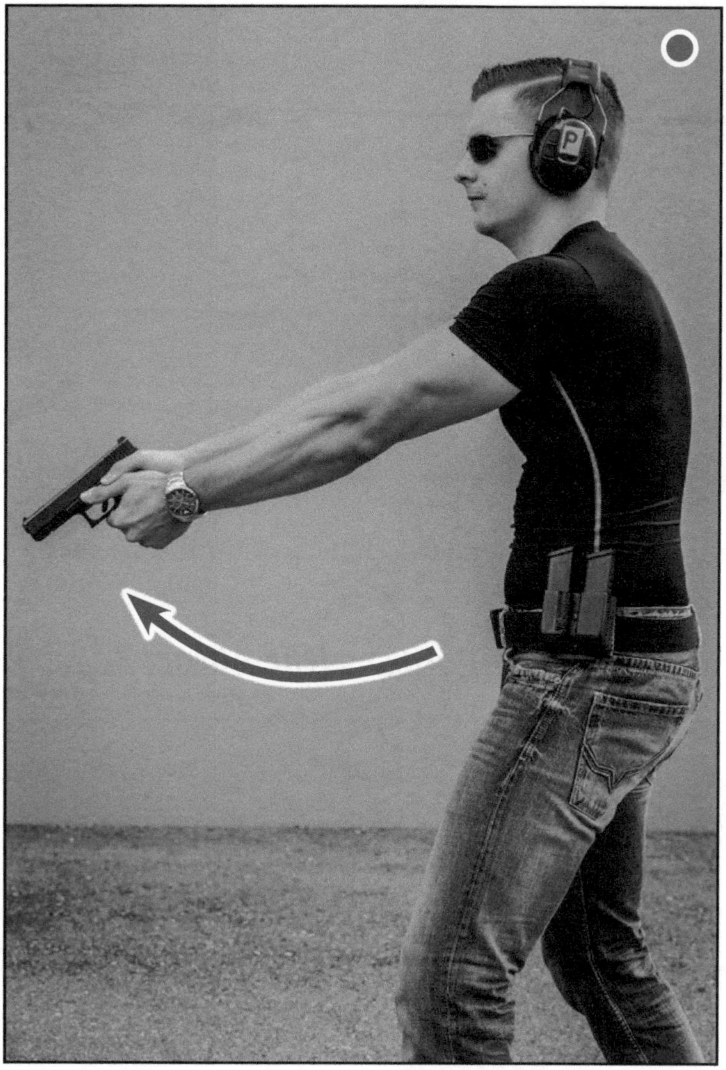

Die Waffe wird weiter von unten nach oben ins Ziel geführt. Erst danach könnte man das Ziel über die Visiereinrichtung aufnehmen und ein Visierbild aufbauen. Auch dabei geht sehr viel Zeit unnötig verloren!

Fazit: Die Waffe nach dem Ziehen aus dem Holster vor dem Körper nach unten zu schwenken und dann von unten nach oben ins Ziel zu führen bedeutet lediglich, dass man einen hohen Zeitverlust in Kauf nehmen muss!

Bild 35) Richtiger Ziehvorgang.

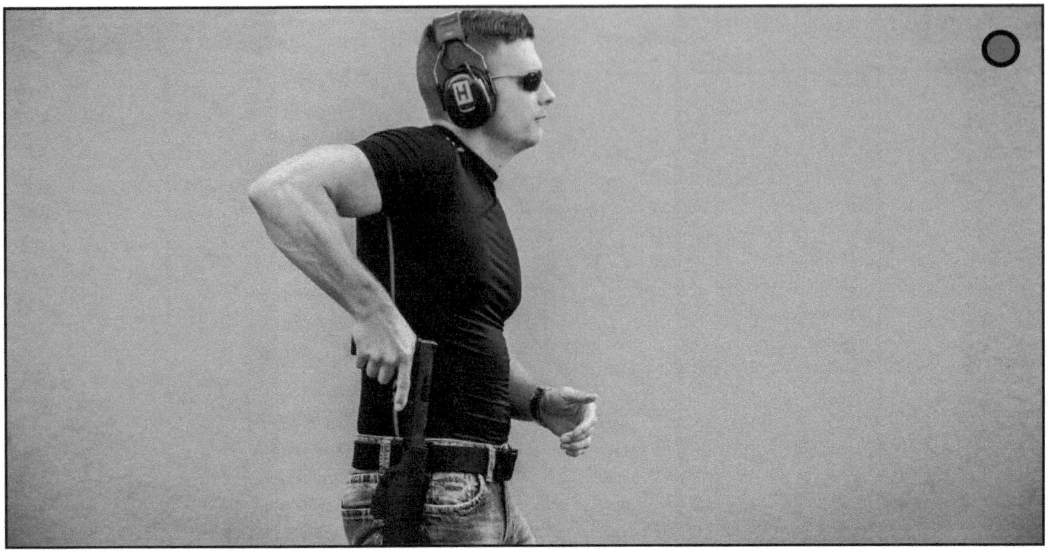

Die Waffe wird aus dem Holster gezogen. Hier stimmt *noch* alles.

Bild 36) Falscher Ziehvorgang – siehe Absatz 2.

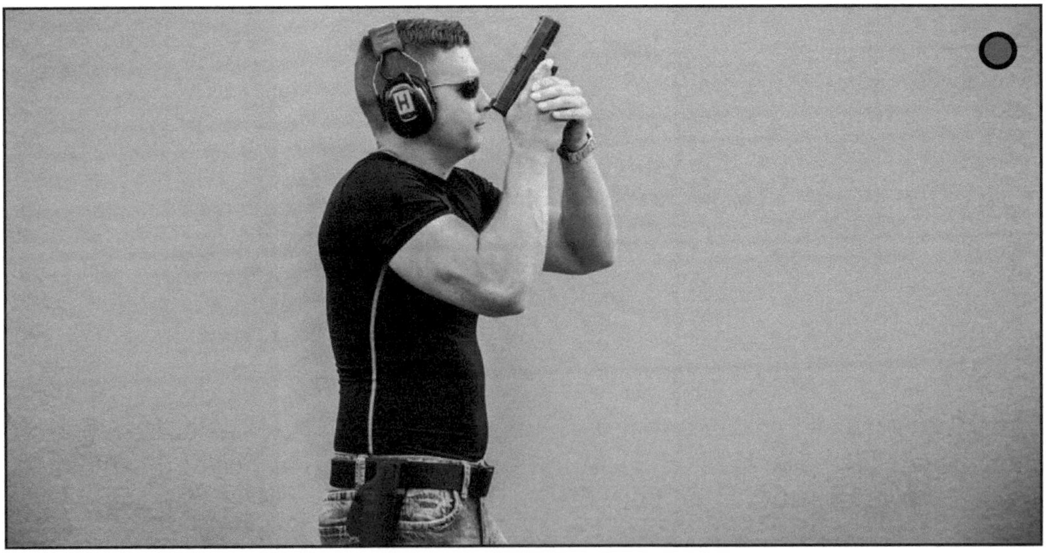

Danach wird die Waffe vor das Gesicht geführt, mit beiden Händen ergriffen, und verdeckt uns dabei *das erste Mal* die Sicht auf das Ziel. Eine absolut unbrauchbare Durchführung!

Bild 37) Falscher Ziehvorgang.

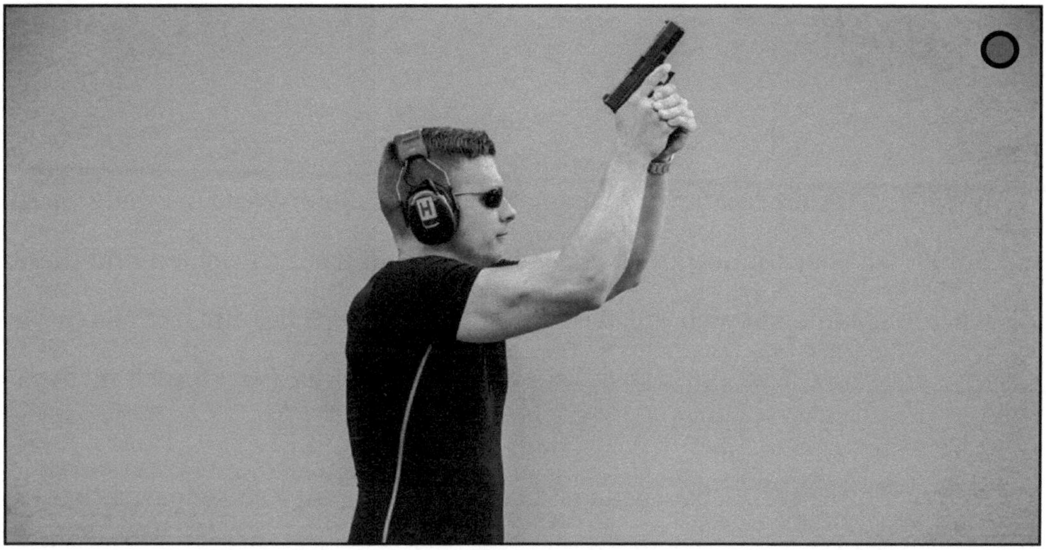

Jetzt wird die Waffe „*eifrig und entschlossen*“ über den Kopf gehoben und der Blick geht zwischen den Unterarmen durch in Richtung Ziel.

Bild 38) Falscher Ziehvorgang.

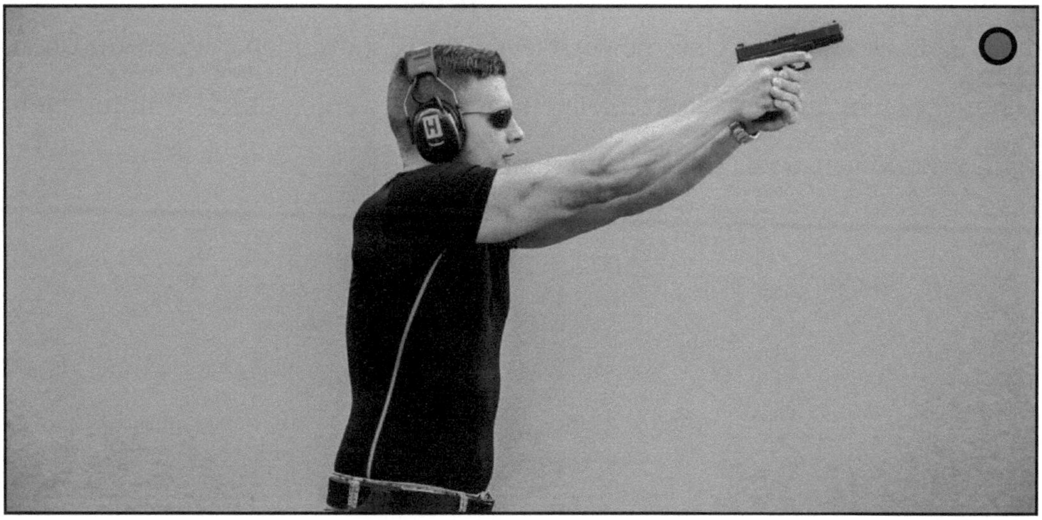

Jetzt verdeckt die vor das Gesicht geführte Waffe *das zweite Mal* unser Blickfeld und dadurch auch unser Ziel!
Das Visierbild kann daher nur sehr spät aufgebaut werden!

Wenn wir jedoch die Waffe von Anfang an auf kürzestem Wege ins Ziel führen, so können wir ungehindert unseren Blick gleich auf das Ziel richten und dieses fokussieren. Man sieht sich auf das Ziel ein. *Vorsicht:* Hier unterscheiden wir *„scharfe Visierung“* und *„unscharfe Visierung“*. Dazu unter *Pkt VI* noch mehr.

Ein richtiger, präziser Ziehvorgang ist beim Schießen auf Zeit sehr wichtig. Aus diesem Grund kann man nicht oft genug erwähnen, den Ziehvorgang im *Trockentraining* sehr intensiv zu trainieren. Je öfter man trainiert, desto eher erfolgt die Abspeicherung dieses Bewegungsablaufes ins Muskelgedächtnis.

Ein intensives Training verschiedener Bewegungsabläufe wird dazu führen, dass diese Abläufe aus dem Unterbewusstsein heraus stattfinden werden und man sich nicht mehr auf diese konzentrieren muss. Sie werden durch Training *automatisiert* und genau das soll auch erreicht werden.

Fazit: Die Waffe nach dem Ziehen von oben nach unten ins Ziel zu führen, bringt ebenfalls nur Zeitverlust!

Jetzt zum richtigen Ziehvorgang:

Bild 39) Richtiger Ziehvorgang.

Frontalansicht – Grundhaltung.

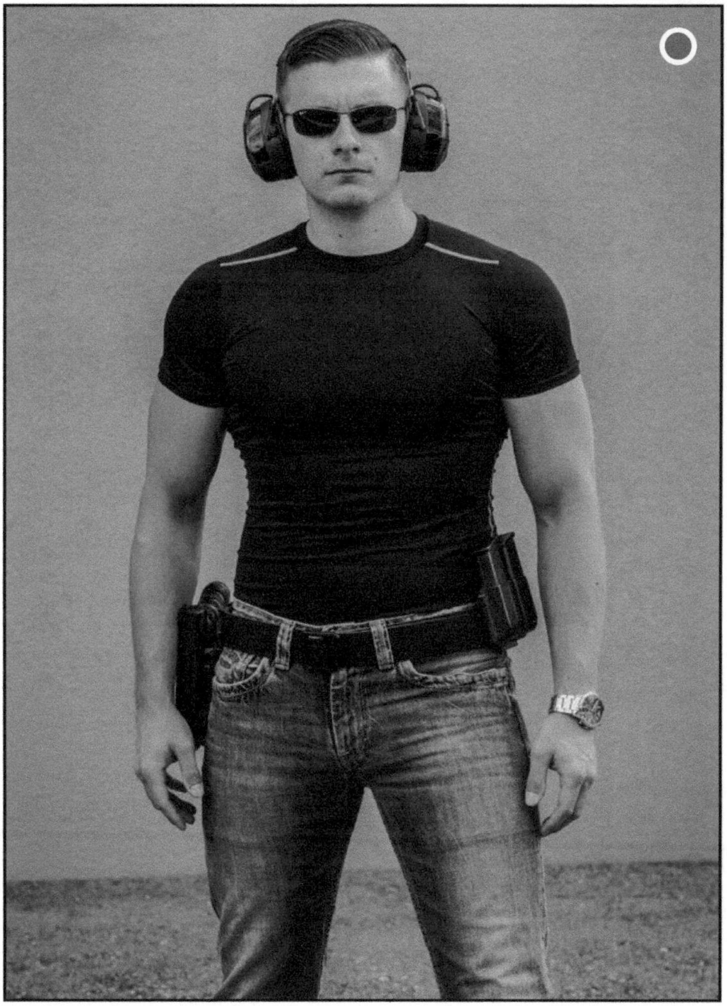

Der Schütze steht in der Grundposition und bereitet sich auf den Ziehvorgang vor. Ob man seine Hände seitlich herabhängen lässt, oder ob man sie vorne links und rechts neben der Gürtelschnalle ablegt, hängt wieder individuell vom jeweiligen Schützen ab. Hinter dem Körper am Gürtel, sollte man seine Hände nicht „reinstecken". Sie müssten beim Ziehvorgang erst von dort hinten nach vorne gebracht werden.

Bild 40) Richtiger Ziehvorgang.

Frontalansicht – Bereitschaftshaltung.

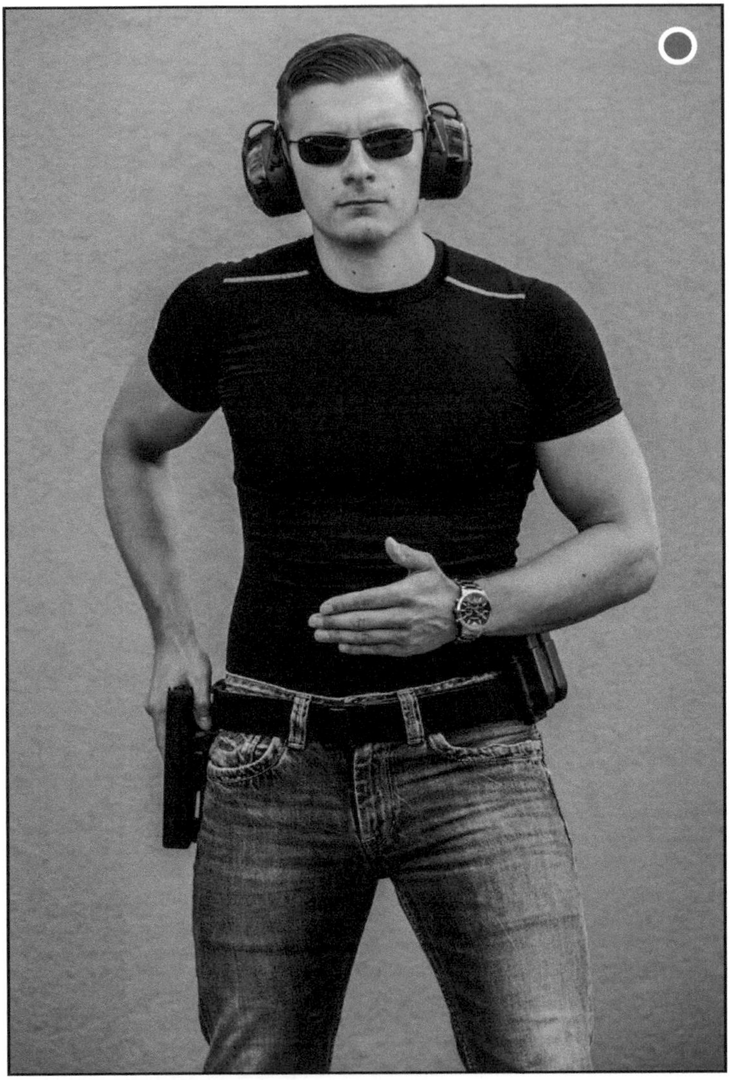

Der Schütze ergreift die Waffe und führt gleichzeitig seine Nichtschusshand vor die Körpermitte. Dies kann auf Höhe des Magens oder des Brustbeines sein und ist immer wieder vom Schützen abhängig! Auf dieser Höhe wird die Waffe mit beiden Händen ergriffen!

Wichtig ist es, dass man die Nichtschusshand nicht völlig unkontrolliert am Körper herunterhängen lässt, sondern sie soll bereit sein, die Schusshand mit der Waffe vor dem Körper zu unterstützen!

Bild 41) Richtiger Ziehvorgang.

Frontalansicht – gleitende Bewegung ins Ziel.

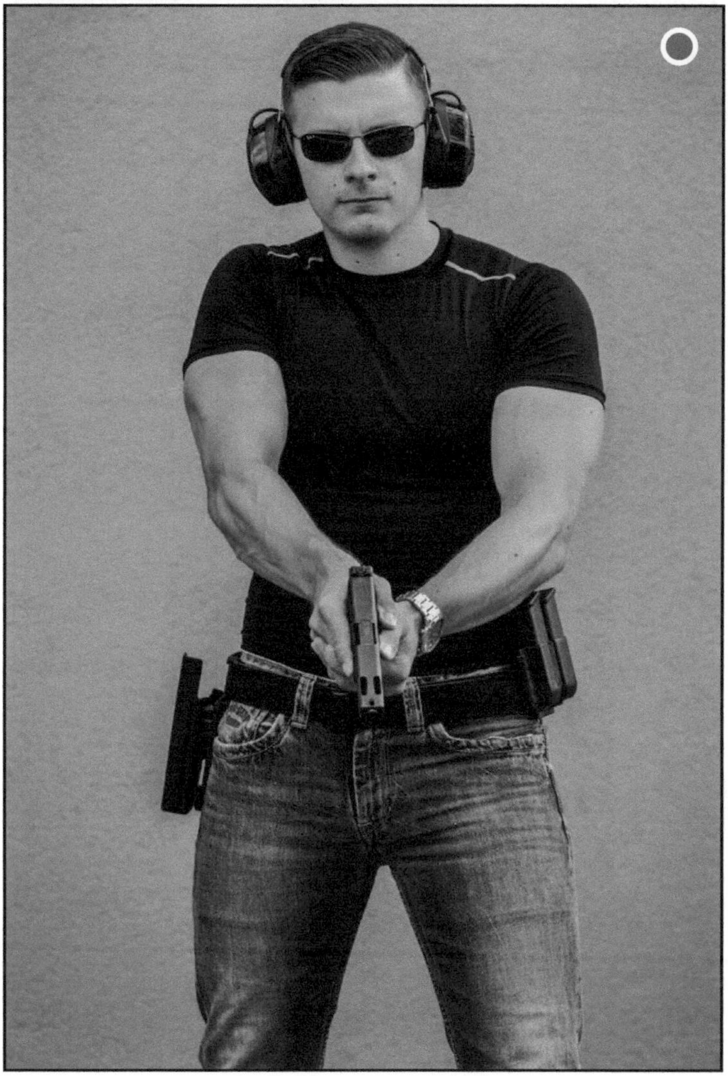

Die Waffe wird nun vor dem Körper mit der Nichtschusshand ergriffen. Wie hoch man die Waffe in dieser Position führt, hängt wiederum vom Schützen ab. Natürlich kann man die Ellbogen auch mehr abwinkeln, wodurch die Waffe näher am Körper geführt wird und daher auch ein wenig besser kontrolliert werden kann.

Es sollte vermieden werden, die Waffe unter der Gürtellinie zu fassen bzw. zu führen, wie auf den Bildern 32 und 33 ersichtlich ist!

Bild 42) Richtiger Ziehvorgang.

Frontalansicht – Schießhaltung.

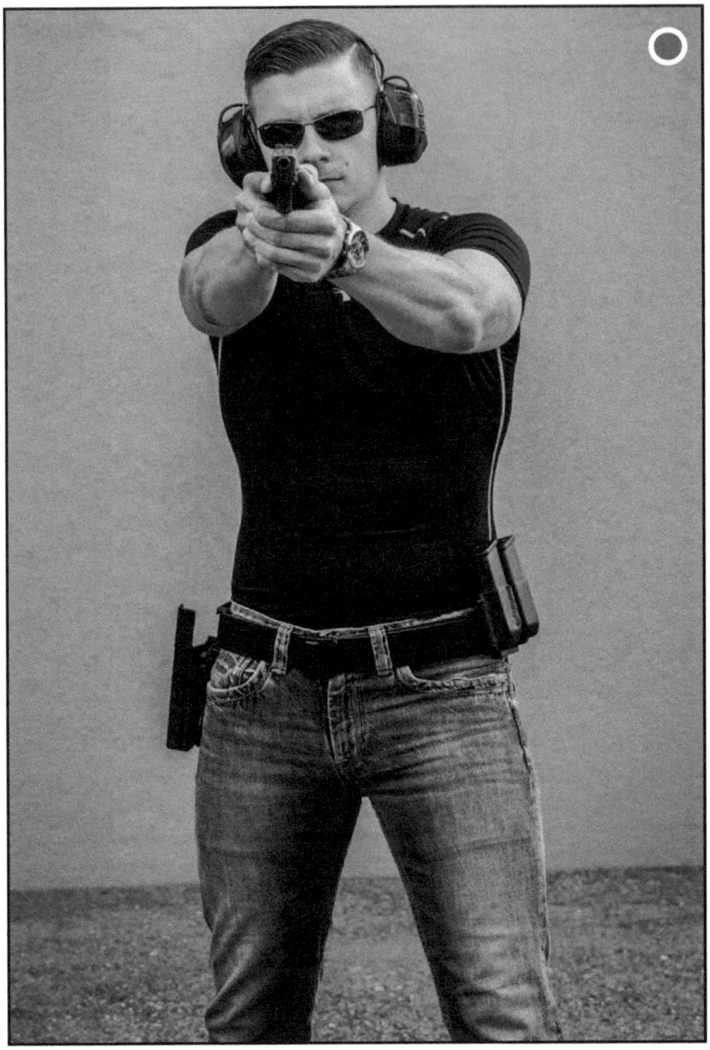

Die Waffe wird anschließend mit einer gleitenden Bewegung (kann auch stoßartig sein) in Anschlag gebracht und das Ziel über die Visiereinrichtung aufgenommen.

Je öfter man den Ziehvorgang im Trockentraining trainiert, desto besser wird er im scharfen Schuss funktionieren!

Auf diesem Bild ist der Waffenanschlag völlig korrekt ausgeführt! Ich würde diese hier dargestellte Waffenhaltung als einen „Klassiker“ bezeichnen!

Was ist Trockentraining beim Schießen?

Trockentraining ist das intensive, mehrfache Wiederholen bestimmter Bewegungsabläufe ohne Schussabgabe!

Wie oft sollte man Trockentraining durchführen?

Die Häufigkeit eines Trockentrainings richtet sich natürlich ebenfalls nach der persönlichen Zielsetzung! Je nachdem was man erreichen will und wie viel Zeit und Mühe man bereit ist zu investieren, nach diesen Kriterien wird sich die jeweilige Trainingsintensität richten.

Grundsätzlich lässt sich jedoch sagen: ***„Je häufiger desto besser!"***

Aus meiner langjährigen Erfahrung heraus, schlage ich Folgendes (abhängig von der eigenen Zielsetzung) vor:

Konzentrationsübungen:

Dies kann sein, indem man etwa nur mit dem nach vorne, in Augenhöhe nach oben gestrecktem Daumen der Schusshand ein Ziel anvisiert. Danach den Daumen wieder absenken. 3 - 5 Wiederholungen für ca. 10 Sekunden!
Z.B.: Im Freien visiert man mit dem Daumen einen Baum, einen Kamin, einen Strommast udgl. an. Diese sehr simple Übung lässt sich so gut wie überall durchführen.

Mit einem am Handgelenk der Schusshand befestigten Gewicht (ca. 0,5 kg) lässt sich diese einfache Übung noch verfeinern!

Ablaufübungen:
(Ziehvorgang, Magazinwechsel, Holstern der Waffe, udgl.)

Hier kommt man dem intensiven Training schon sehr nahe. Dazu benötigt man allerdings seine Utensilien für das Schießen (Gürtel, entladene Waffe, Holster, Reservemagazin usw.).
Den Ziehvorgang übt man an den Trainingstagen für etwa 10 – 15 Minuten. Hier geht es zuerst einmal um die Präzision des Bewegungsablaufes, d.h., langsam beginnen und die Bewegungen richtig ausführen!

<u>*Auch hier gilt wieder:*</u>

Erst, wenn man sich das Bewegungsmuster richtig und präzise eintrainiert hat, übt man den Ablauf auf Geschwindigkeit! Keinesfalls vorher! Nur kein übereiltes Handeln, denn ein falsch eintrainiertes Bewegungsmuster ist nur schwer wieder zu beseitigen!

Solche Übungen sollte man allerdings nur in einem Bereich trainieren, wo man sicher sein kann, dass man von fremden Personen nicht gesehen wird. Diese Übungen könnten von Unbeteiligten als Gefahr angesehen werden und falsche Reaktionen auslösen! Alles schon da gewesen!

Der Parkplatz vor einem Supermarkt wäre dafür die denkbar schlechteste Örtlichkeit…

Wie oft man solche Trockenübungen macht, hängt ganz alleine vom eigenen Empfinden bzw. der Notwendigkeit des Trainings ab!

Sowohl beim Training im scharfen Schuss, als auch beim Trockentraining empfiehlt es sich, dass man von seinen Bewegungsabläufen Videos anfertigt. Das hat den Vorteil, dass man eventuelle Fehler, welche man selber ja nicht sieht, noch vor Ort durch Korrekturen beheben kann. Noch besser ist es, wenn man sich gegenseitig filmt und danach gemeinsam eine Analyse durchführt. Das wirkt Wunder!

Man könnte den Ziehvorgang in 3 Phasen einteilen:

Phase 1.)
Die Einleitung des Ziehvorganges.

(Von der Reizauslösung bis zum Ergreifen der Waffe).

Darunter versteht man, dass man nach einer bestimmten Reizauslösung zur geholsterten Waffe greift, um diese zunächst einmal richtig zu erfassen. Die Reizauslösung kann im sportlichen Bereich ein *Pfiff oder anderer Signalton* sein. Eine Reizauslösung kann aber auch *das Erkennen einer Notwehrsituation* sein! Bereits in dieser Phase ist es wichtig, eintrainierte Bewegungsabläufe richtig ablaufen zu lassen, um in weiterer Folge ein fließendes Bewegungsmuster zu gewährleisten. Der richtige Stand und die richtige Körperhaltung sind hier Grundvoraussetzung. Ab hier gilt es bereits, diverse Störfaktoren - soweit es möglich ist und diese von uns beeinflussbar sind - auszuschalten!

Phase 2.)
Das Ziehen.

(Vom Erfassen der Waffe bis zum vollständigen Ziehen aus dem Holster).

In dieser Phase müssen wir die Waffe mit der Schusshand bereits in einem guten Griff haben, sodass wir diese nun aus dem Holster ziehen können. Das Ziehen soll zwar schnell und präzise, aber keinesfalls hektisch durchgeführt werden, um ein eventuelles Verklemmen der Waffe im Holster zu vermeiden. Je nach Art und Beschaffung des Holsters wird das Ziehen dahingehend abgestimmt. Durch unpräzises Ergreifen der Waffe im Holster wird man gezwungen sein, den Griff an der gezogenen Waffe nachzubessern. Dies sollte man unbedingt beachten, da das *„Nachgreifen“* nur unnötig Zeit kostet! Siehe Kapitel II!

Phase 3.)
Die Gleitbewegung ins Ziel.

(Vom Ziehen der Waffe bis zur Schießhaltung).

Sobald man die Waffe gezogen hat, sollte man sie beidhändig auf möglichst kurzem Weg in Richtung Ziel führen, um sofort ein Visierbild aufbauen zu können. Hier muss eine gleitende, abgerundete und präzise Bewegung mit der Waffe in Richtung Ziel erfolgen. Das Führen der Waffe nach dem Ziehvorgang nach oben oder nach unten ist hier überflüssig, denn dies kostet wiederum nur unnötig Zeit. Siehe Abbildungen!

KAPITEL VI:

Das Visieren

Grundsätzliches:

Die Visierlinie ist die Verbindungslinie zwischen dem Auge und dem Ziel. Dazu müssen wir Kimme und Korn der Waffe in eine Linie (Zielrichtung) bringen, nur so ist es möglich, das Ziel visuell korrekt zu erfassen.

Der Rechtsschütze zielt mit dem rechten Auge, der Linksschütze wird dies mit seinem linken Auge tun. Doch hier gibt es Ausnahmen.

Wenn ein *Rechtsschütze* mit seinem *linken* Auge zielt – oder beides umgekehrt – so spricht man von einer so genannten *Kreuzdominanz* (siehe Abbildung 44). Die Ursachen einer Kreuzdominanz können sehr unterschiedlich sein, sind wissenschaftlich jedoch nicht zur Gänze belegt. Eine Ursache der Kreuzdominanz wird aber höchstwahrscheinlich sein, dass eine Sehschwäche am jeweiligen Auge vorliegt.

Wenn man sich beim Schießen der Kreuzdominanz bedient und ständig so trainiert, so hat dies grundsätzlich keine negativen Auswirkungen auf das Trefferbild. Es ist immer eine Frage der Trainingsintensität und des eigenen Befindens. Ich habe im Laufe meiner Trainerjahre doch sehr häufig kreuzdominante Schützen erlebt, und dies war für sie absolut kein Nachteil! Die Trefferergebnisse hängen nicht von einer evtl. Kreuzdominanz ab!

a) beim Präzisionsschuss

Beim ***Präzisionsschießen*** fokussieren wir Kimme und Korn (scharfes Visier) und blenden das Ziel im Hintergrund nur ein. Das Ziel sehen wir bei dieser Art des Visierens nicht scharf, sondern etwas verschwommen. Achtung: Dies gilt für den ***Präzisionsschuss***!

Dem menschlichen Auge ist es nämlich nicht möglich, auf zwei verschiedene Distanzen (einmal Kimme und Korn, und einmal das Ziel) gleichzeitig scharf zu sehen. Warum würden Sportschützen oft sehr teure Visiere kaufen, wenn das beim Präzisionsschuss nicht so wäre?

Die Beherrschung des Präzisionsschusses ist die Grundlage des Schießens!

Bild 43) Rechtsschütze zielt mit dem rechten Auge.

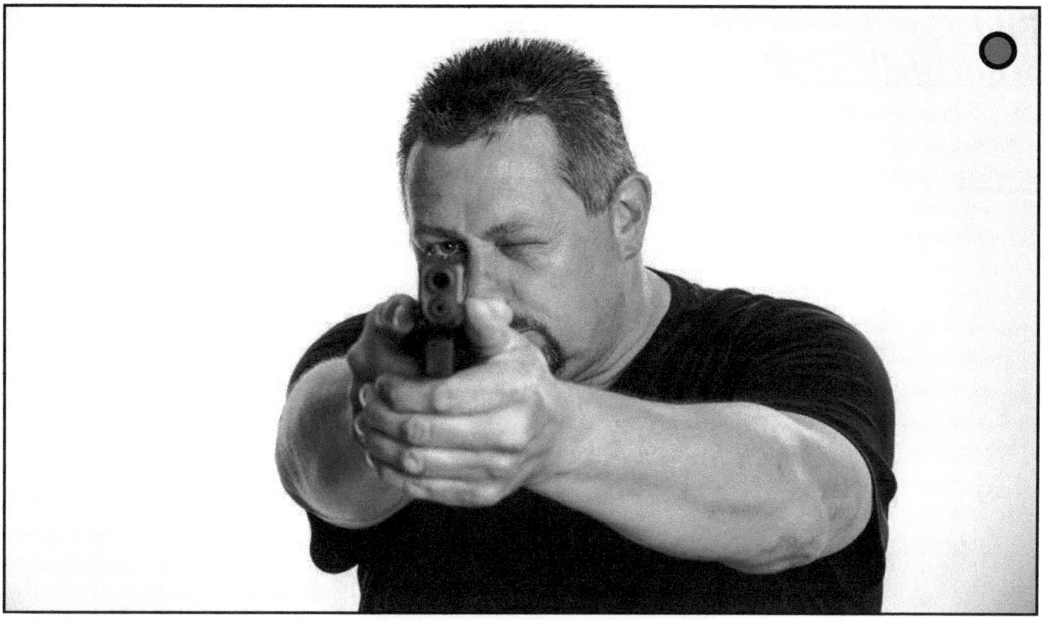

Bild 44)
Rechtsschütze zielt mit dem linken Auge - Kreuzdominanz!

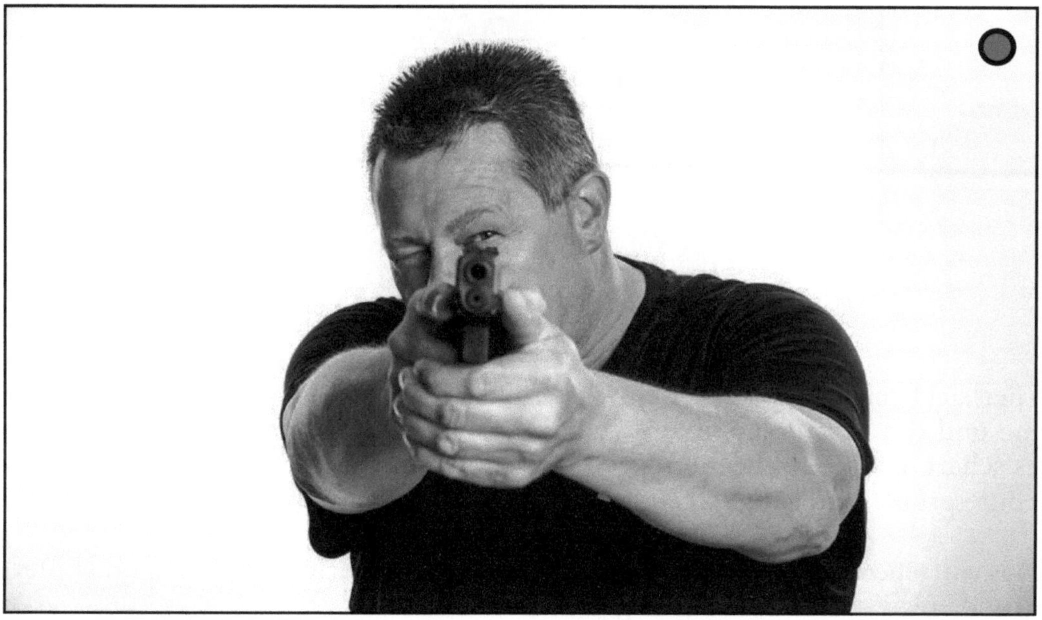

Aufbau eines Visierbildes: (beim Präzisionsschuss!)

Bild 45)
Scharfstellen (fokussieren) der Visiereinrichtung!
(scharfe Visierung!)

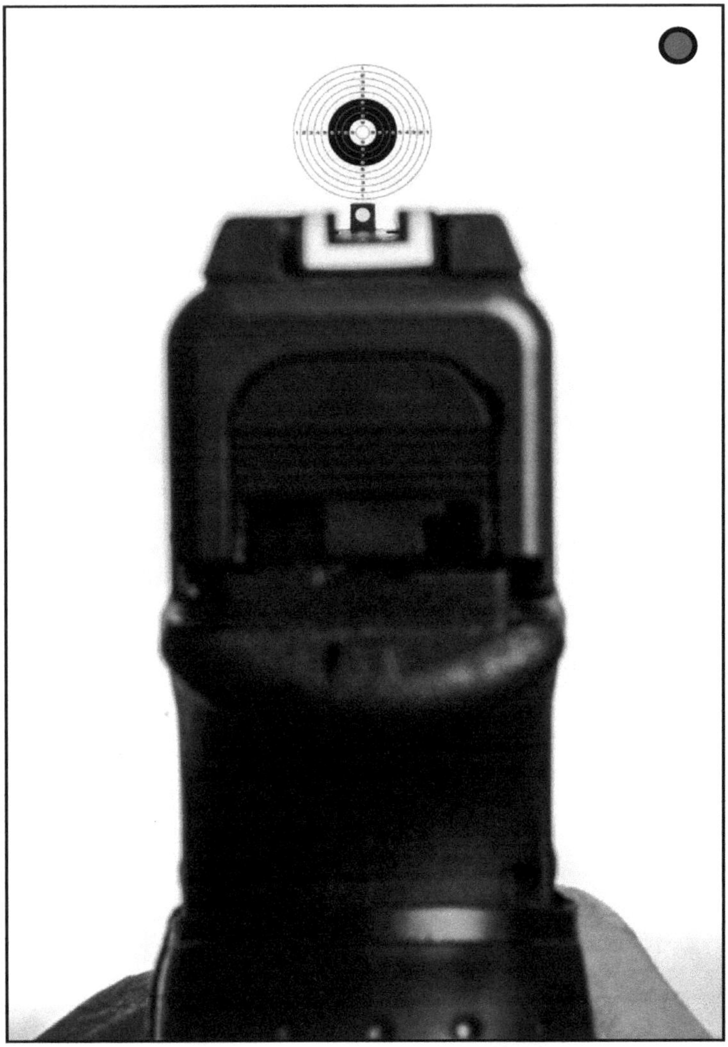

Hier sieht man schematisch ein Visierbild in Laufrichtung gesehen. Die Kimme und das Korn fokussieren wir mit unserem dominanten Auge und stellen es scharf. Die Konzentration legen wir jedoch mehr auf das Korn. Das Ziel im Hintergrund wird lediglich eingeblendet und erscheint uns unscharf.

Der einfacheren Darstellung halber, wurde die unscharfe Zielscheibe im Hintergrund etwas kleiner und höher gesetzt.

b) beim Schnellschuss

Beim Schnellschuss verhält es sich mit dem Visieren anders als beim Präzisionsschuss. Hier baut man das Visierbild *nicht* so auf, dass man *Kimme und Korn* scharf sieht, sondern dass man das Ziel scharf sieht. Man spricht hier auch vom *unscharfen Visier* und wird häufig beim *„Combatschießen"* angewendet.

Der Sache wollen wir auf den Grund gehen.

Wie die Bezeichnung *Schnellschuss* schon zum Ausdruck bringt, dass man eben schnell *einen* oder *mehrere Schüsse* abgeben will, so muss sich – logischerweise - auch das Visieren anders verhalten als beim Präzisionsschuss. Beim wettkampfmäßigen Schnellschuss oder in einer Notwehrsituation hat man eben nicht die Zeit, Kimme und Korn mit dem Auge *scharf zu stellen*, daher blickt man beim Visieren lediglich grob über die Visiereinrichtung der Waffe und konzentriert sich auf das Ziel. Man *fokussiert* dieses! Ich verwende hier gerne die Ausdrücke *„unscharfe"* oder auch *„grobe Visierung"*.

Natürlich werden wir beim Schnellschuss auf verschiedene Distanzen nicht das Trefferbild erzielen können, welches wir bei genügend Zeit beim Präzisionsschuss gewohnt sind. Ist auch nicht Sinn der Sache, sondern hier geht es darum, die Waffe so schnell wie möglich zu ziehen und so schnell wie möglich einen Treffer zu landen. Übungen und sportliche Veranstaltungen diesbezüglich sind in vielen Ländern sehr gefragt und werden auch von vielen Sportschützen gerne angenommen. Wer hier Erfolg haben will, der muss die Bewegungsabläufe für solche Übungen wirklich gut trainieren und wer solche Übungen schon einmal geschossen hat, der weiß, wie viel Training für ein derartiges Schießen erforderlich ist!

Alleine am Schießstand dafür zu üben wird zu wenig sein. Hier muss man auch zu Hause intensives Trockentraining absolvieren, je öfter desto besser!

Ich habe eingangs erwähnt, dass *dynamisches Schießen* körperliche Fitness verlangt. Jeder der schon einmal einen *Parcours* geschossen hat, weiß, dass dies sehr anstrengend sein kann. Körperliche Fitness ist sehr von Vorteil.

Aufbau eines Visierbildes: (beim Schnellschuss!)

Bild 46)
Scharfstellen (fokussieren) des Zieles!
(unscharfe Visierung!)

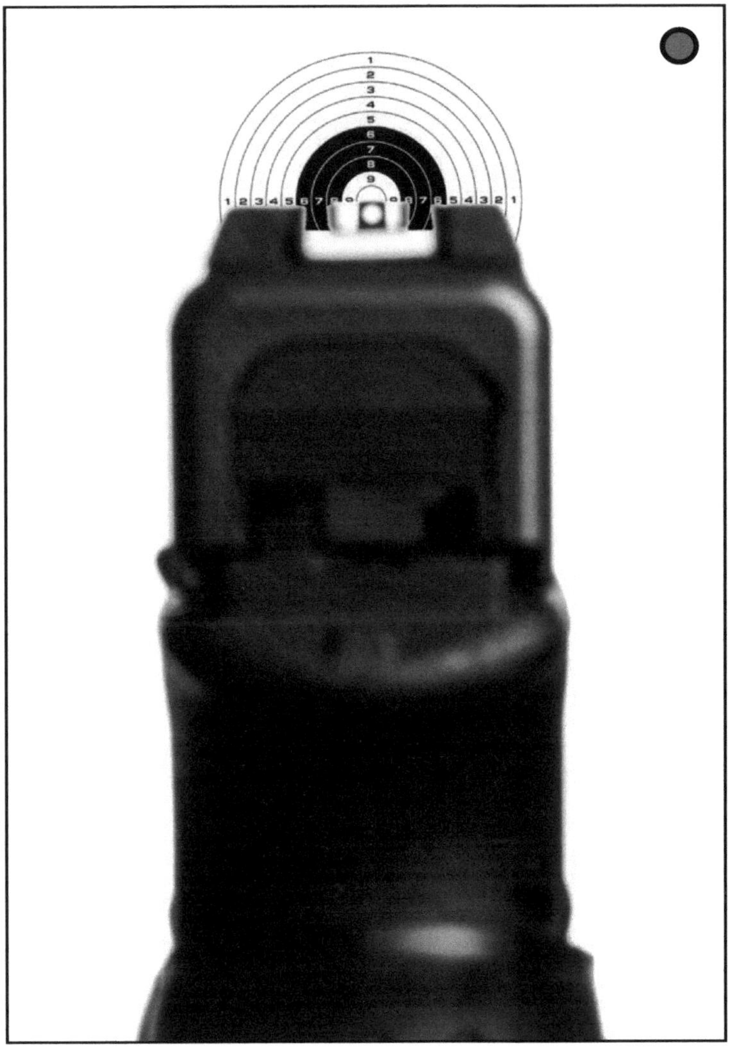

Auch hier sieht man eine schematische Darstellung eines Visierbildes. Beim Schnellschuss stellen wir nicht die Visierung scharf, sondern das Ziel. Der Grund dafür ist, dass man bei einem Schuss, den man schnell abfeuern will oder muss, keine Zeit hat, um die Visiereinrichtung scharf zu stellen. Man fokussiert das Ziel und konzentriert sich auf dieses!

Zur Verdeutlichung wurde hier das Ziel etwas größer dargestellt!

KAPITEL VII:

Die Atmung

Bei Abgabe eines einzelnen Präzisionsschusses oder mehrerer Schüsse ist es wichtig, richtig zu atmen. Falsche Atmung kann zur Folge haben, dass man dadurch den Brustkorb verspannt, dies wiederum wirkt störend auf uns ein und daher kann es zu einem eher schlechteren Ergebnis führen.

Zunächst sehen wir uns grob an, was sich im Körper beim Atmen abspielt.

Man nimmt durch das Atmen die Umgebungsluft auf und saugt sie in beide Lungenflügel. In dieser Umgebungsluft befinden sich neben Sauerstoff und Stickstoff auch verschiedene Edelgase. In den Lungen erfolgt dann der Gasaustausch, bei dem die *„schlechte Luft"* gegen die *„gute Luft"* ausgetauscht wird. Man könnte auch sagen, dass die *verbrauchte Luft* gegen *neue Luft* ausgetauscht wird. Dieser Ablauf wird auch als *Ventilation* bezeichnet. Ohne genügend Sauerstoff würde unser Körper nicht funktionieren, da die Zellen unterversorgt wären.
Wissen wir schon längst. So weit - so gut.

Wie wirkt sich nun die Atmung auf die Abgabe eines Schusses aus?

Wenn man einen Präzisionsschuss abgeben möchte, so sollte man bedenken, dass ein *verspannter Oberkörper* bzw. ein *verspannter Brustkorb* für einen guten Treffer nicht gerade ideal sind. Und genau das ist es ja, was wir vermeiden wollen. Wenn wir während des Schießens *übermäßig viel Luft* in den Lungen *parken*, so kann es zu einer Überspannung des Brustkorbes kommen. Dies hat zur Folge, dass wir geneigt sind, so schnell wie möglich den Schuss abzugeben, da wir ja wieder ausatmen wollen bzw. müssen. Daraus resultiert, dass durch einen übereilt abgegebenen Schuss die Trefferqualität leiden wird.

Das krampfhafte Anhalten von Luft ist nicht unbedingt angenehm. Wir sollten daher danach trachten, bei Abgabe eines oder mehrerer Schüsse, so viel wie möglich störende Faktoren wegzuschalten. Ein Faktor davon ist eben dieses *„krampfhafte Luftanhalten“*.

Ein Patentrezept für die Atmung gibt es nicht, dafür sind wir individuell zu unterschiedlich konditioniert. Der eine Schütze hält sich während des Schießens mehr Luft in den Lungen zurück, der andere Schütze eben weniger.

Biathleten haben mir berichtet, dass sie kurz vor der Schussabgabe ca. 2/3 der eingeatmeten Luft ausatmen und ca. 1/3 der Luft in der Lunge behalten. Andere wiederum haben mir erzählt, dass sie die Luft fast zur Gänze aus den Lungen lassen, bevor sie einen Präzisionsschuss abgeben. Manche halten aber wieder mehr Luft in den Lungen zurück, bevor sie einen Schuss abgeben.

Auch hier sieht man, dass es sehr unterschiedlich sein kann, wie man mit der Atmung während des Schießens umgeht. Jeder muss das für sich selber ausprobieren und für sich abstimmen. Ein Patentrezept dafür gibt es nicht.

An dieser Stelle sei erwähnt, dass regelmäßiger Sport sowohl im Kraft- als auch im Ausdauerbereich, ein wichtiger Faktor für die Leistungsfähigkeit der Lunge ist und dies im Schießsport seinen positiven Niederschlag finden kann!
Schnelle Spaziergänge oder leichtes Laufen können uns im Schießsport sehr behilflich sein.

Dahingehend muss jeder Schütze für sich selber ausprobieren, wie er es mit der Atmung hält. Probieren und dann entscheiden!

KAPITEL VIII:

Das Abziehen

Das Abziehen ist eines der wichtigsten Elemente beim Schießen! Aus meiner langjährigen Erfahrung kann ich sagen, dass die meisten Fehlschüsse dadurch zustande kommen, weil der Abzug einer Waffe einfach falsch betätigt wird. Das sind dann die sogenannten *„Pilotenfehler“* welche naturgemäß beim Schützen zu finden sind! Hier spielt die *Kontrolle über den Abzug* eine große Rolle!

Zunächst einmal muss man mit dem Schießfinger, das wird in der Regel der Zeigefinger (*) sein, den Abzug richtig erfassen. Dabei legt man das vordere Fingerglied des Zeigefingers mittig auf den Abzug und erhöht langsam den Druck nach hinten. Achtung! Nicht zu weit über den Abzug greifen, denn dadurch würde man die Waffe bei der Schussabgabe aller Wahrscheinlichkeit nach verreißen. Hier ist es wichtig, dass man den Zeigefinger in gerader Richtung nach hinten führt und den Druck langsam erhöht (Bild Nr. 47). Bei vielen Pistolen - es gibt auch Ausnahmen - merkt man, dass man durch die Erhöhung des Druckes auf den Abzug, schlussendlich auf den Druckpunkt kommt. Man merkt plötzlich einen Widerstand. Jetzt nur nicht hektisch nach hinten reißen, denn dann wäre es mit einem Treffer vorbei!

Es gilt nun den Druck gleichmäßig weiter zu erhöhen, bis man den Widerstand überwunden hat und der Schuss bricht. Man lässt sich vom Schuss überraschen! Wenn alles stimmt, darf man sich über einen Treffer freuen!

(*) Ich habe einen Schützen erlebt, der auf Grund seines fehlenden Zeigefingers, mit seinem Mittelfinger abgezogen hat. Seine Ergebnisse konnten sich aber auch durchaus sehen lassen!

Ein weiterer Fehler beim Abziehen ist es, wenn man den Zeigefinger zu wenig weit auf den Abzug legt. Hier kommt es unter Umständen dazu, dass man bei der Schussabgabe den Finger verkrampft, den Abzug nicht korrekt nach hinten zieht und der Schuss danebengeht. Durch *schräges nach hinten Ziehen* des Abzuges wird man mehr Druck auf diesen aufbauen und es kommt zum *Verreißen* der Waffe.

Bild 47) Schusshand von oben gesehen.

Druck auf den Abzug in gerader Richtung nach hinten (Pfeil). Der Schießfinger sollte mit dem ersten Glied mittig auf den Abzug gelegt werden (gelber Punkt)!

Tipp

Auch das Abziehen kann man durch intensives Trockentraining sehr gut üben und ist außerordentlich wichtig! Nur wer das richtige Abziehen beherrscht, wird Erfolg haben!

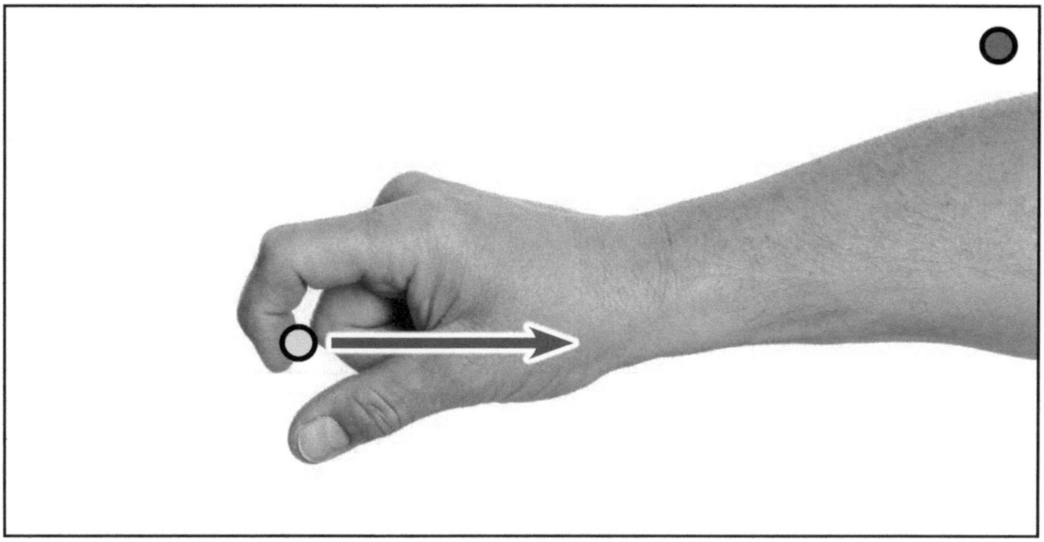

Wenn man ***„Doubletten"*** [1] oder mehrere Schüsse sehr schnell hintereinander abgeben will, so gibt es dazu einen kleinen, aber durchaus gut funktionierenden Trick:

Man zieht den Abzug wie oben beschrieben nach hinten. Der erste Schuss bricht. Danach lässt man den Abzug wieder nach vorne, aber nur so weit, bis man im Schießfinger ein Klicken spürt, bzw. je nach Schießintervall eventuell auch hören kann. Weiter nach vorne lässt man den Abzug nicht mehr! Danach wird sofort wieder Druck auf den Abzug aufgebaut und der nächste Schuss bricht (auch abhängig von der Waffe)!

Mit dieser Methode kann man bei schnellen Schussfolgen viel Zeit sparen. Allerdings bedarf es doch einiger Übung, um diese Technik zu beherrschen.

(*1) **Doubletten sind zwei sehr schnell aufeinander folgende Schüsse auf das gleiche Ziel, ohne dabei die Waffe zwischen den beiden Schüssen abzusetzen. Sie bleibt ständig auf das Ziel gerichtet.**

Bild 48) Schusshand von oben gesehen.

Wenn man den Abzug in Pfeilrichtung weiterzieht, dann wird man die Waffe wohl links aus der Visierlinie ziehen. Ein Fehlschuss ist vorprogrammiert!

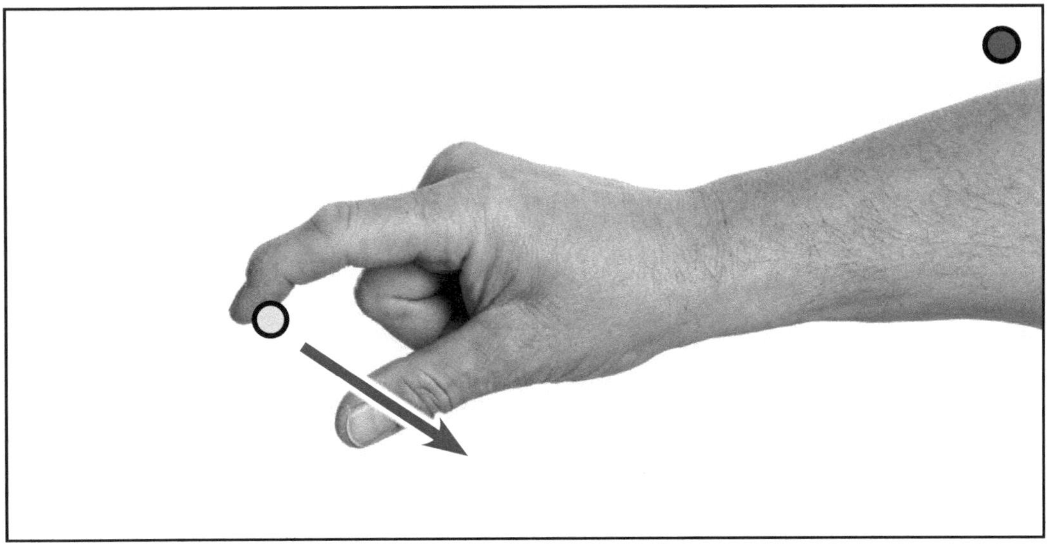

Vor jeder beabsichtigten Schussabgabe steht ein vorangegangener, psychologischer Entscheidungsprozess!

Bei der Schussabgabe im *dynamischen* Schießen ist es sehr wichtig, dass man *„in den Schuss hineingeht"*. Das heißt, dass man sich nicht phlegmatisch und stocksteif hinstellt und darauf hofft, *„das Ziel werde ich schon treffen"*, sondern man bereitet sich ganzheitlich auf die Schussabgabe vor, um zum gewünschten Erfolg zu kommen. Ein gewisses Maß an *Aggressivität* ist hier daher erforderlich!

Aber Achtung:

Aggressivität im Zusammenhang mit einer Schussabgabe darf keinesfalls falsch verstanden werden! Sie richtet sich nicht in *Wildwestmanier* oder *Kriminalfilm-Schießerei* in *bösartiger Absicht* auf unser Ziel, sondern die hier angesprochene Aggressivität richtet sich ausschließlich auf *unser eigenes Verhalten* unmittelbar vor der Schussabgabe! Und davor steht zweifelsfrei ein *psychologischer Entscheidungsprozess!* Der Schütze muss erkennen, wann der richtige Moment für die Abgabe eines Schusses ist! Aggressivität soll für uns in diesem Zusammenhang lediglich ein *Motivationsfaktor* zur eigenen Leistungssteigerung sein, um bessere Erfolge zu erzielen! *Rambo-Verhalten* ist hier eine absolute Fehlanzeige und hat bei seriösem Schießen absolut nichts verloren!

Was heißt das im Klartext?

Unsere eigene, aus unserem Unterbewusstsein abrufbare Aggressivität, darf beim Schießen nach außen hin keine negative Wirkung zeigen! Sie dient lediglich dazu, um im entscheidenden Moment unsere eintrainierten Fähigkeiten auf uns selber, sowohl in physischer als auch in psychischer Hinsicht, im jeweilig erforderlichen Maß an Intensität *auf uns* wirken zu lassen!

Derartige Aggressivität dient lediglich dazu, um *sich selber* bei der Schussabgabe bis zu einem gewissen Grad - im Hinblick auf eine bestimmte Leistung - zu motivieren! Und nichts Anderes ist der Sinn davon!

Ein Beispiel aus der Praxis:

Verschiedenste Sportler wie Schifahrer, Gewichtheber, Leichtathleten u.v.a. motivieren sich vor dem Start ihres Wettkampfes auch selber! Würden sie mit einem *Wurschtigkeitsgefühl* an die Sache herangehen, bliebe der Erfolg auf der Strecke! Das gilt auch für das Schießen!

Man sieht, dass Aggression nicht unbedingt etwas Negatives sein muss!
Es ist alles eine Frage der persönlichen Einstellung!

Grundlegende Elemente der Schussabgabe:

(Schießtechnischer Faktorenkomplex).

- Ziel erfassen
- Kimme und Korn in Visierlinie bringen
- Auge auf das Korn fokussieren (bei scharfer Visierung)
- Auge auf das Ziel fokussieren (bei unscharfer Visierung)
- Individuelle Atemtechnik
- Schießfinger richtig auf den Abzug legen
- Druckpunkt finden
- Abzugsdruck erhöhen bis der Schuss überraschend bricht
- Abzug wieder nach vorne lassen (Ausnahme: bei schnellen Schussfolgen – z.B. Doubletten - Abzugstopp!)
- Nachhalten.

Die oben angeführten Aufzählungen bezeichne ich sehr gerne als *„Schießtechnischen Faktorenkomplex“*. Das ist nichts anderes, als das funktionierende Zusammenwirken dieser Elemente bei der Schussabgabe! Je mehr dieser einzelnen Faktoren vom Schützen beachtet werden und in Einklang stehen, und je weniger *negative Einflüsse* auf uns einwirken, desto besser werden die Treffer auf der Scheibe sein!

Negative Einflüsse auf die Schussabgabe bzw. Treffer können u.a. sein:

- Lärm (damit ist evtl der Nachbarschütze gemeint)
- Wind
- Blendung durch Licht (evtl. Schräglicht)
- Falsche Atemtechnik (evtl. krampfhaftes Luftanhalten)
- Instabiler Stand bzw. falsche Waffen-/Körperhaltung
- Hektik/Stress
- Übermüdung
- Konzentrationsdefizit
- Ablenkungen jeglicher Art
- …und auch Alkohol…, der beim Schießen **NICHTS**, aber auch schon absolut **GAR NICHTS** verloren hat!!!

Fehleranalyse – Trefferbilder:

> **Ein guter Schießtrainer kann am Trefferbild erkennen, welche Fehler der Schütze macht! Das lässt sich - *im übertragenen Sinn* - mit einem Arzt vergleichen, der das EKG eines Patienten liest!**

Wie solche Trefferbilder aussehen können, sehen wir uns bei den symbolisch dargestellten Abbildungen an.

Ich möchte hier auch nur auf einige Trefferbilder eingehen, die aus meiner Erfahrung am häufigsten vorkommen. Es gibt natürlich noch viele andere Trefferbilder, doch es wäre nicht zielführend, hier unzählige Trefferbilder zu beschreiben!

Bild 49) Ziel links: Treffer liegen verstreut:

Mögliche Ursachen:

- Es wird kein richtiges Visierbild aufgebaut.
- Schussangst (Zusammenzucken – Lidschluss)
- Instabile Waffenhaltung
- Evtl. Waffenstörung (?)
- Konzentrationsdefizit
- Handgelenk zu locker (nicht verriegelt)

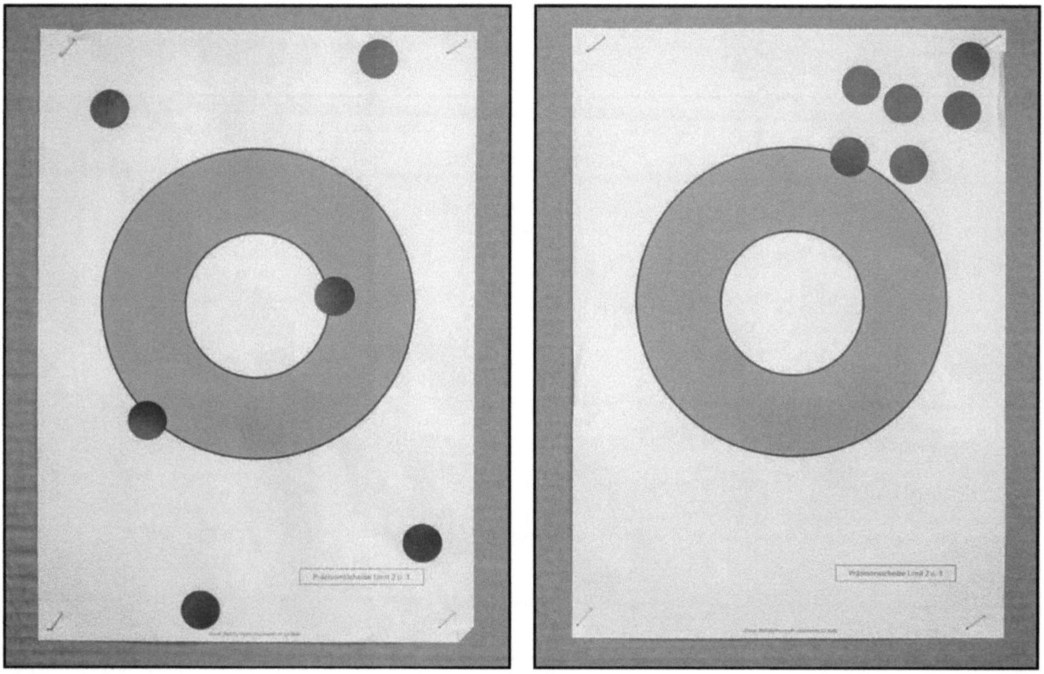

Ziel rechts: Treffer liegen rechts oben:

Mögliche Ursachen:

- Falsches Visierbild
- Falscher Haltepunkt
- Fehlerhaftes Visier
- Falsches Abziehen
- Unkorrekte Waffenhaltung

Bild 50) Ziel links: Treffer liegen näher dem Ziel:

Mögliche Ursachen:

- Visierbild noch zu ungenau
- Konzentrationsstörung
- Evtl. Schussangst
- Instabile Waffenhaltung

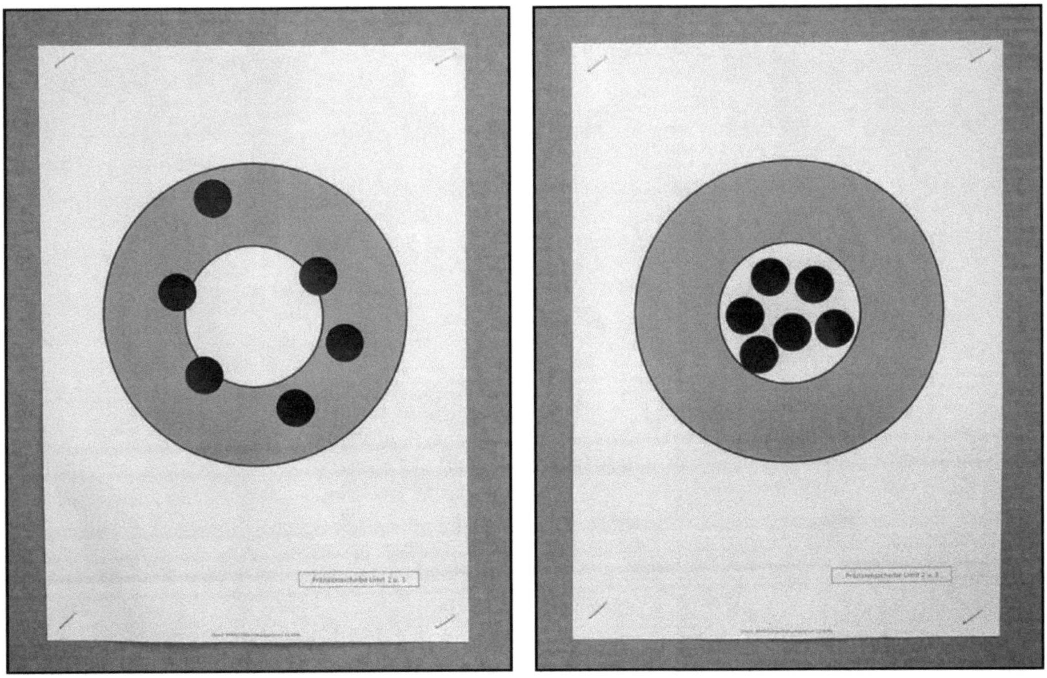

Ziel rechts: So sollte es sein (oder noch besser…).

Hier kann man zufrieden sein. Ein Zeichen für gutes Training.

Bild 51) Ziel links: Treffer liegen unten mittig:

Mögliche Ursachen:

- Falsches Visierbild (Korn zu tief)
- Durchreißen - Abziehfehler
- Konzentrationsdefizit
- Evtl. Schussangst
- Handgelenk zu locker (nicht verriegelt)

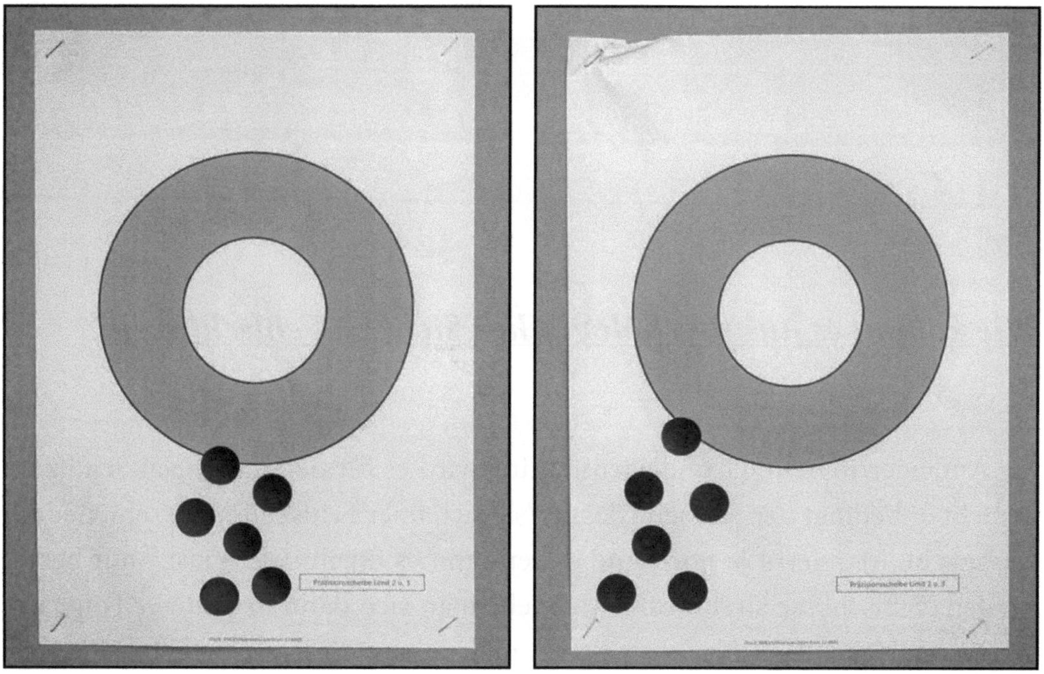

Ziel rechts: Treffer liegen unten links:

Mögliche Ursachen:

- Falsches Visierbild (Korn links zu tief)
- Evtl. Schussangst
- Konzentrationsdefizit
- Instabile Waffenhaltung
- Zeigefinger der Nichtschusshand liegt am Abzugsbügel auf
- Handgelenk zu locker (nicht verriegelt)

Diese gezeigten Trefferbilder sind nur einige Anhaltspunkte für verschiedene Ursachen von Fehlschüssen. Es gibt noch einige andere Ursachen, die Fehlschüsse hervorrufen können. Ich beschränke mich hier eben auf die markantesten Trefferbilder.

Als aufmerksamer Leser kann man erkennen, dass bei verschiedenen Trefferbildern oft die gleichen Fehler gemacht werden können!

Wie kommt es aus psychologischer Sicht zu Fehlschüssen?

Als Anfänger/in beim Grundlagentraining wird es für den jeweiligen Schützen/in nicht unbedingt der Fall sein, dass er/sie sich über Fehlschüsse zu sehr Gedanken macht. Man lernt ja noch und daher kann es für ihn/sie – fast - nur besser werden. Fehlschüsse sind normal! Je mehr man sich dann in weiterer Folge mit den Grundlagen des Schießens vertraut macht, bzw. die Trainingsintensität steigert, desto eher wird die Erfolgskurve nach oben zeigen.

Wenn man mehrfach gute Treffer setzt, so stellt sich mit der Zeit ein gewisser *Gewöhnungseffekt* ein. Man ist eben mit dem Gefühl von guten Treffern vertraut und freut sich darüber! Ein guter Treffer ist aus psychologischer Sicht ein kleines Erfolgserlebnis, man spricht in diesem Zusammenhang von einem *Positiverlebnis*! Diesen Begriff kennen wir aus der Psychologie und wurde nicht von mir erfunden!

Passiert es aber – aus welchen Gründen auch immer – dass man plötzlich den einen oder anderen Schuss nicht mehr so gut setzt, so macht man sich schon eher Gedanken über deren Ursache. Genau aus diesem Grund treten plötzlich kleine Unsicherheiten auf und das Erfolgserlebnis bleibt plötzlich aus. Wir schwenken zum *Negativerlebnis* (w.o.) um und dieses speichern wir - leider - geistig ab!

Die Erwartungshaltung beim nächsten Schießen wird höher, natürlich mit dem Hintergedanken, dass die Treffer dann hoffentlich wieder besser sein werden.

Und jetzt passiert Folgendes:

Wir sind geistig jedoch häufig so konditioniert, dass wir uns (leider) eher wieder an das *Negativerlebnis* erinnern und nicht an das *Positiverlebnis*! Und genau das ist es, dass in uns wieder Unsicherheit aufkommen kann und wir wieder zu Fehlschüssen neigen, obwohl es dafür eigentlich gar keinen Grund gibt! Der Kreis schließt sich.

Hier hilft uns nur Training und Selbstvertrauen weiter!

Man sollte sich aber bei vermehrt schlechteren Treffern nicht gleich zu viele Gedanken machen, denn wie jeder von uns weiß, hat man nicht immer einen guten Tag. Irgendwelche Irritationen, welche eben an gewissen Tagen bei uns auftreten, sind doch fast immer nur kurzfristig und meist auf Stress oder ähnliche Störfaktoren zurückzuführen.

Es verhält sich wie im Sport! Nicht bei jedem Wettkampf kann man konstant die gleiche Leistung bringen!

KAPITEL IX:

Das Nachhalten - (Nachsichern)

Was versteht man unter „Nachhalten"?

Kurz gesagt:

Man bleibt nach dem letzten Schuss mit der Visierlinie der Waffe für einige Augenblicke grob in Zielrichtung!

Wenn man einen oder mehrere Schüsse abgegeben hat, so sollte man die Waffe nicht unnötig schnell wieder im Holster verschwinden lassen. Anders als beim polizeilichen Verteidigungsschießen gibt es beim sportlichen Schießen - bis auf wenige Ausnahmen - auch keinen akzeptablen Grund dafür, und wie ich bereits eingangs erwähnt habe, möchte ich auf polizeiliche Ausbildungsmethoden in diesem Buch keinesfalls eingehen!

Das Nachhalten hat den Sinn, dass man unmittelbar nach der Schussabgabe die Waffe nicht sofort wegsteckt. Das ist auch nicht nötig, denn durch das schnelle, übereilte Wegstecken der Waffe neigt man dazu, sich beim letzten Schuss nicht mehr richtig zu konzentrieren und der Erfolg bleibt auf der Strecke. Also, wozu die Waffe übereilt wegstecken? Dafür bleibt Zeit genug.

Weiters ist das Nachhalten wichtig, wenn es darum geht auf Ziele zu schießen, die ein weiteres Mal auftauchen können. In solch einem Fall wäre es unvorteilhaft die Waffe schon geholstert zu haben und plötzlich sollte man auf ein Ziel noch einmal schießen. Dies wäre möglicherwiese im Wettkampf der Fall.

Wie lange man nachhält hängt davon ab, welcher Situation ich gegenüberstehe, aber so etwa 3 Sekunden dürfen es schon sein!

Davon kann abgesehen werden, wenn man während eines Schießparcours noch andere Tätigkeiten (unter körperlicher Belastung, Hindernisparcours – wettkampfmäßig) ausführen soll. Da ist es natürlich notwendig, die Waffe sofort wegzustecken, wenn man beide Hände gerade einmal für andere Tätigkeiten braucht (Hindernisse überwinden etc.).

Außerdem hat das Nachhalten den Vorteil, dass man sich nach dem letzten Schuss geistig ein wenig entspannt. Diese Spannungslösung ist wichtig, um für weitere Schussabgaben bereit zu sein und es hilft uns ein wenig dabei, eventuelle störende Faktoren die auf uns einwirken können, wegzuschalten.

KAPITEL X:

Das Holstern

Das Holstern der Waffe ist grundsätzlich nichts anderes, als der umgekehrte Ziehvorgang. Mit geringfügigen Abweichungen.

Zum Ablauf:

Nach Abgabe des letzten Schusses sollte noch etwas nachgehalten werden (siehe Pkt IX). Jetzt wäre es falsch, die Waffe einfach unmotiviert wieder zurück in den Holster zu stecken. Warum?

Ganz einfach aus diesem Grund:

Wenn man die Waffe nach dem letzten Schuss gleich wieder ins Holster steckt, ohne dass man den Verschluss der Waffe überprüft, ob dieser auch wieder verschlossen ist (Hülsenstecker, Ladehemmung), so kann eine Funktionsstörung an der Waffe auftreten. Und die wollen wir nicht.

Wenn man auf der sicheren Seite sein will, geht man wie folgt vor:

Unmittelbar nach dem Nachhalten nimmt man die Waffe wieder zurück vor die Körpermitte (Höhe Brustkorb oder Magen). Dort verbleibt man für - natürlich situationsabhängig - ca. 2 Sekunden. Diese Zeit sollte man nutzen, um einen *kurzen Blick auf den Verschluss* zu werfen. Sollte dieser – aus welchen Gründen auch immer – nicht ganz verschlossen sein, so ist es notwendig, diesen Umstand zu beheben (siehe Pkt. XIII).

Dieser kurze *Blick* ist ohne Zweifel sehr wichtig, denn er kostet nichts und garantiert, dass man bei der nächsten Schussabgabe durch einen nicht geschlossenen Verschluss nicht überrascht wird.

Eine Funktionsbeeinträchtigung der Waffe durch einen nicht geschlossenen Verschluss ist somit ausgeschlossen.

Nach der Kontrolle des Verschlusses kann man die Waffe holstern.

Bild 52) Der Kontrollblick beim Entladen!

Wenn die Sicherheit an der Waffe hergestellt werden soll, ist der Kontrollblick in den Laderaum zwingend notwendig!

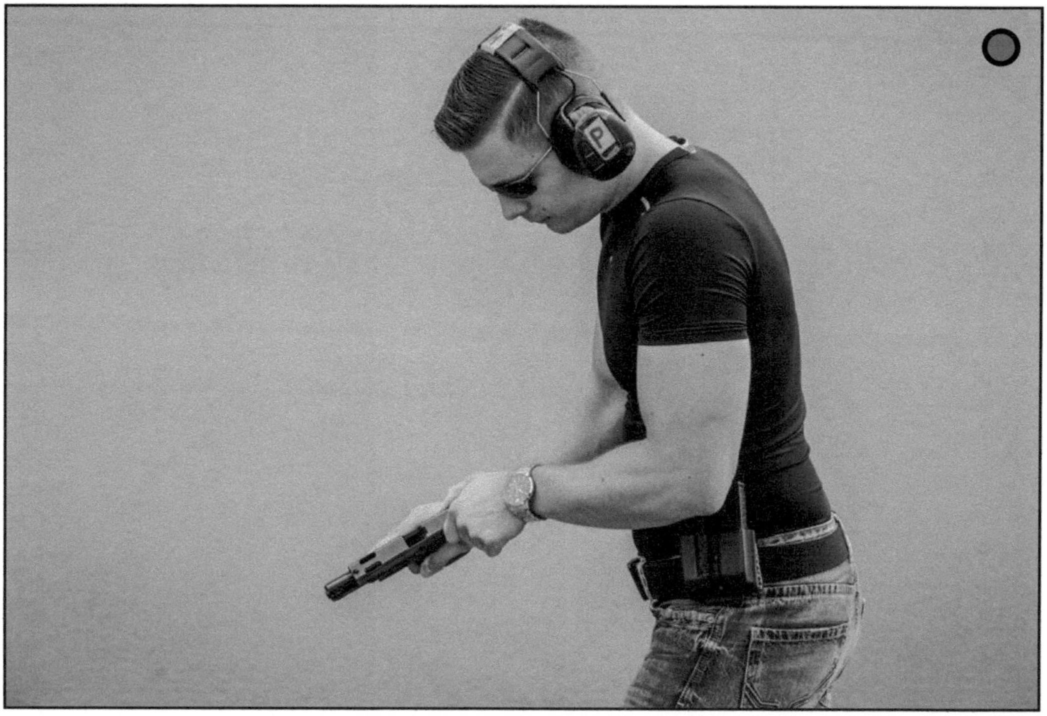

Wie bereits erwähnt, ist das wichtigste Element beim Schießen die Sicherheit! Daher ist nach dem Abfeuern einer Pistole das Magazin abzunehmen und unbedingt ein Kontrollblick in den Laderaum durchzuführen!

Es hätten sicher viele Unfälle mit Waffen vermieden werden können, wenn der eine oder andere Schütze den Kontrollblick verlässlich gemacht hätte!

Nachdem der Kontrollblick durchgeführt wurde, wird der Abzug gezogen. So kann man sicher sein, dass jetzt die Sicherheit an der Waffe hergestellt wurde und die Waffe ohne Bedenken geholstert werden kann!

Dass dabei die Waffe in eine sichere Richtung gehalten wird, versteht sich von selbst!

KAPITEL XI:

Das Nachladen - Magazinwechsel

Im normalen Schießbetrieb (evtl. unter Berücksichtigung eines gewissen Gemütlichkeits- bzw. Spaßfaktors) auf einem Schießstand ist es nicht gerade die große Kunst, ein leergeschossenes Magazin aus der Waffe zu entfernen und dieses gegen ein gefülltes Magazin auszutauschen. Derartige Tätigkeiten gehören selbstverständlich zu den Grundlagen des Schießens.

Wenn man aber einen Magazinwechsel unter Zeitdruck durchführen will oder muss, so sieht die Sache schon etwas anders aus. Hier sind absolut präzise und richtig eintrainierte Bewegungsabläufe notwendig, um so schnell wie möglich einen Magazinwechsel an der Waffe durchführen zu können.

Ich möchte hier den Magazinwechsel so beschreiben, wie er nahezu überall auf der Welt durchgeführt wird!

Auch hier gilt wieder: Zuerst langsam und konzentriert den richtigen, präzisen Bewegungsablauf üben und erst danach die Geschwindigkeit erhöhen! Keinesfalls die Geschwindigkeit vorher erhöhen, denn ein falsch „eintrainiertes" Bewegungsmuster ist nur sehr schwer wieder „auszutrainieren"!

Vorbereitung:

Zunächst einmal ist es notwendig, dass man ein Reservemagazin am Körper (Gürtel) richtig positioniert. Dies wird bei einem Rechtsschützen die linke Körperseite sein, da er mit seiner linken Hand natürlich leichter an seine linke Seite greift, als auf ein Magazin, welches – das gibt es auch – ebenfalls auf der rechten Seite – vor der Waffe - positioniert ist.

Vorteilhaft dabei ist es, wenn das Magazinholster mit dem Reservemagazin ca. eine Handbreite links von der Gürtelschnalle am Gürtel angebracht ist. Das Magazin soll im Magazinholster so eingesteckt sein, dass die Geschossspitze in Richtung Körpermitte zeigt. Warum dies wichtig ist, sehen wir an den folgenden Abbildungen.

Gegengleich beim Linksschützen.

Ich möchte 3 Arten von Magazinwechsel beschreiben:

a.) Der taktische Magazinwechsel
b.) Der erzwungene Magazinwechsel
c.) Der einhändige Magazinwechsel

Damit es zu keiner ungewollten Schussabgabe kommt, ist der Schießfinger während des Magazinwechsels immer gestreckt zu halten und liegt an der Waffe an! Daher gilt die goldene Regel: „FINGER GESTRECKT"!!

a.) Der taktische Magazinwechsel:

Dieser Magazinwechsel wird durchgeführt, wenn man bereits ein paar Schüsse abgegeben hat und man aus strategischen/taktischen Überlegungen heraus – aus welchen Gründen auch immer - das an der Waffe angesteckte Magazin gegen ein volles Magazin austauschen möchte.

Wie bereits erwähnt, können die Gründe für einen derartigen Magazinwechsel vielfältig sein.

Die Entscheidung bzw. die Überlegung, ob und wann man diesen Magazinwechsel durchführen will, liegt ganz alleine beim Schützen selbst.

Ablauf: (Rechtsschütze)

Zunächst zieht man die in Anschlag gebrachte Waffe nach hinten in Richtung Brustkorb und stoppt in dieser Position. Der Blick bleibt auf das Ziel gerichtet! Zeitgleich dazu greifen wir mit der linken Hand zu unserem Reservemagazin und ziehen es aus dem Magazinholster. Danach führen wir dieses in Richtung Waffe und kippen es wie in der Abbildung Nr. 53 gezeigt nach oben zur Waffe, die Geschossspitze zeigt in Richtung Ziel. Dies ist wichtig, da es sonst beim Austausch der beiden Magazine zu keinem fließenden Bewegungsablauf kommen kann.

Jetzt drücken wir den Magazinhalter und lassen das in der Waffe angesteckte Magazin in unsere halb geöffnete Hand gleiten und halten es dort fest (Abb. 53).

Danach stecken wir das neue Magazin an der Waffe an, führen einen Kontrollzug am Magazin durch, um uns zu vergewissern, dass es auch wirklich eingerastet ist (Abb. 55). Dies schützt uns vor bösen Überraschungen, nämlich, dass das Magazin nicht aus der Waffe fällt und wir am Weiterfeuern gehindert sind.
Jetzt führen wir das aus der Waffe entnommene Magazin in Richtung Magazinholster und versorgen es dort. Jetzt ist unsere Nichtschusshand wieder frei, wird abermals zur Waffe geführt und umfasst diese erneut. Eine kompakte Waffenhaltung ist wieder gegeben!

Sobald wir nun die Waffe wieder mit beiden Händen ergriffen haben, führen wir sie wieder in gerader Linie in Richtung Ziel und können jetzt bei Bedarf weiterschießen.

Um diesen Magazinwechsel korrekt und zügig durchführen zu können, bedarf es sehr viel an Übung!

Aber keine Sorge, nach einigen hundert Wiederholungen dürfte der Bewegungsablauf sitzen…

Anmerkung:

Der Linksschütze führt den Ablauf eben seitenverkehrt durch, nur mit dem kleinen Unterschied, dass er den Magazinhalter an der Waffe nicht mit dem Daumen seiner linken Hand, sondern mit dem Zeigefinger seiner linken Hand betätigt. Einige Waffentypen sind aber auch schon so gefertigt, dass die Waffe den Magazinhalter auf der rechten Seite hat und dieser somit für den Linksschützen auch mit dem Daumen seiner linken Hand bedienbar ist.

Bild 53) Abnehmen des Magazins.

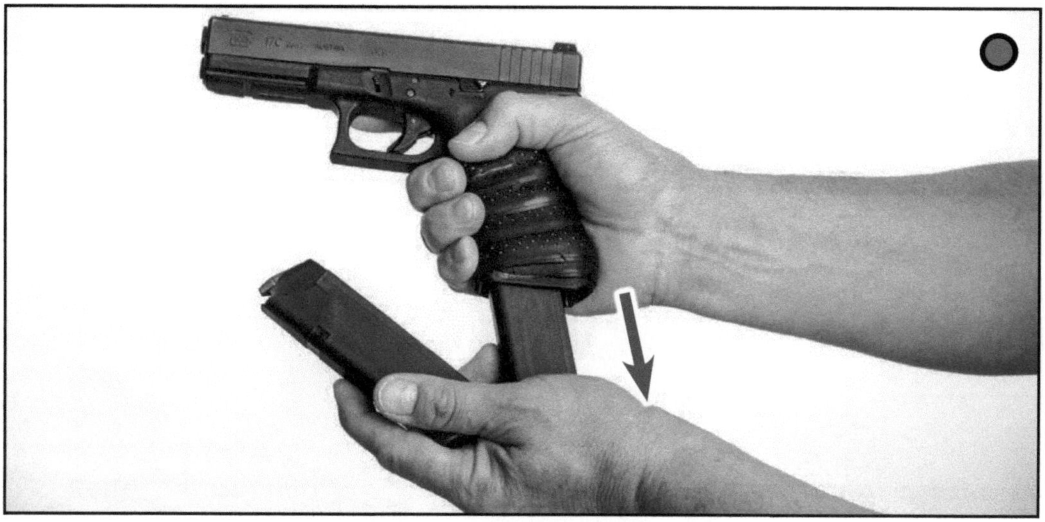

Mit Daumen, Zeigefinger und dem Mittelfinger der Nichtschusshand wird das Reservemagazin gehalten und zur Waffe geführt. Danach wird das angesteckte Magazin aus der Waffe genommen (Magazinhalter drücken) und durch das volle Magazin ersetzt.

Bild 54) Umstecken des Magazins.

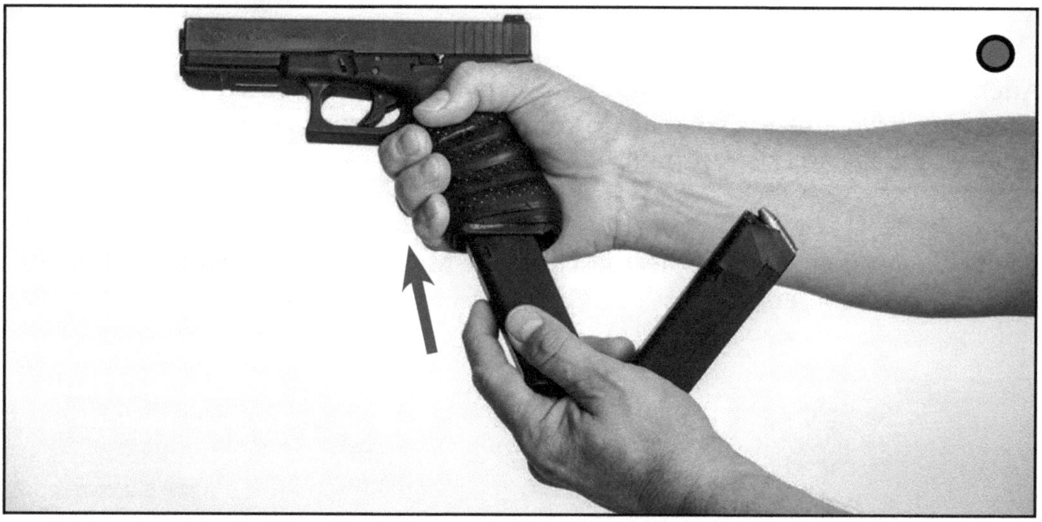

Das neue Magazin wird in das Griffstück gesteckt. Das entnommene Magazin wird mit einem festen Griff in der Nichtschusshand gehalten.

Bild 55) Kontrollzug am Magazin.

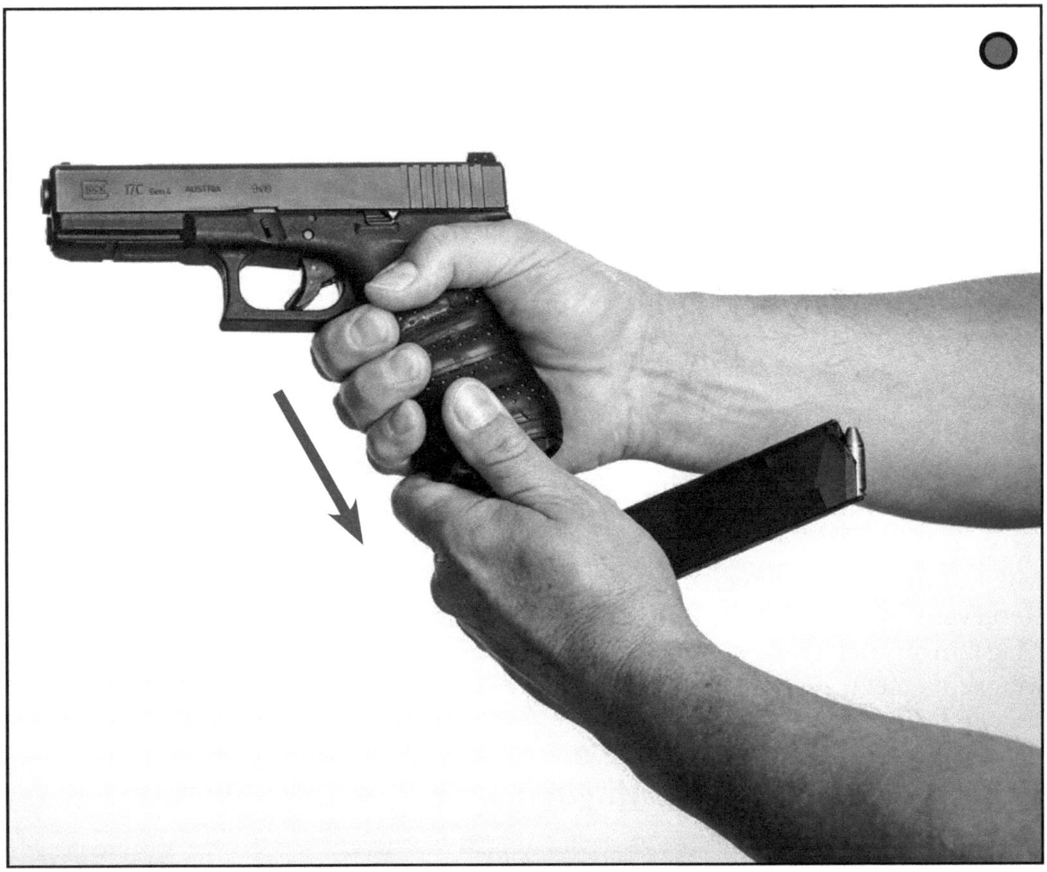

Auch nach einem taktischen Magazinwechsel führt man einen Kontrollzug am Magazin durch, um das korrekte Einrasten des Magazins zu prüfen und das Abfallen des Magazins zu verhindern!

Danach kann man das nicht leergeschossene Magazin wieder am Gürtel (Magazinholster) versorgen.

Tipp

Ein gut funktionierender Magazinwechsel ist durch sehr konzentriertes Üben erlernbar. Auch hier gilt wieder: Je öfter und intensiver man den Magazinwechsel übt, desto eher wird dieser in unserem Muskelgedächtnis abgespeichert!

Langsam beginnen und erst danach die Geschwindigkeit steigern!

Bild 56 a - d)
Taktischer Magazinwechsel in tief kniender Position:

(Vollständiges Absitzen auf der Ferse)

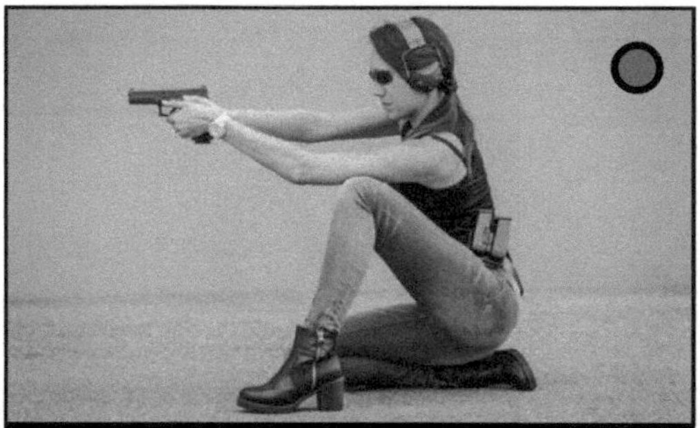

a) Schussabgabe

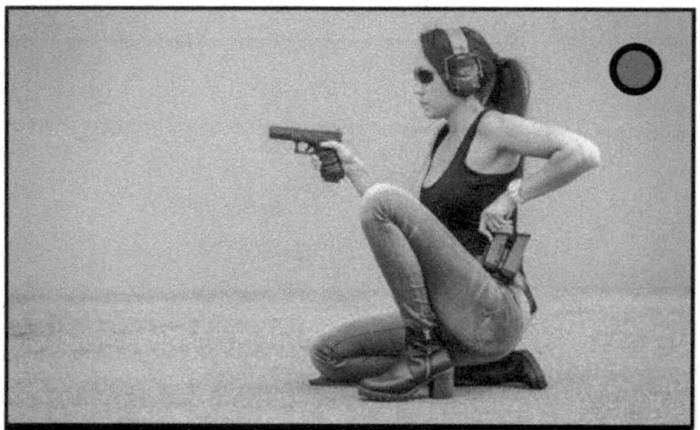

b) Waffe näher zum Körper

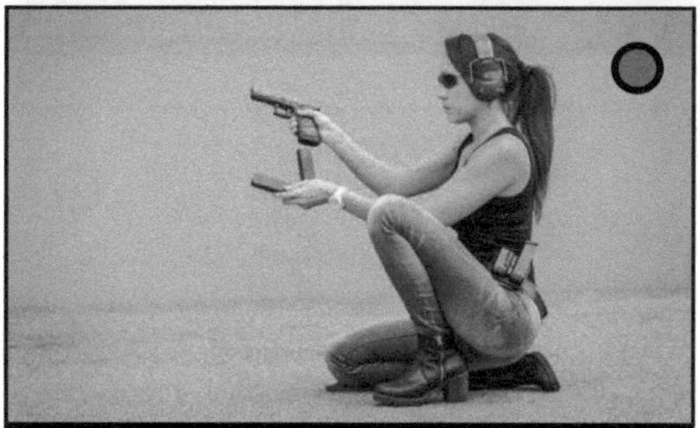

c) Umstecken des Magazins

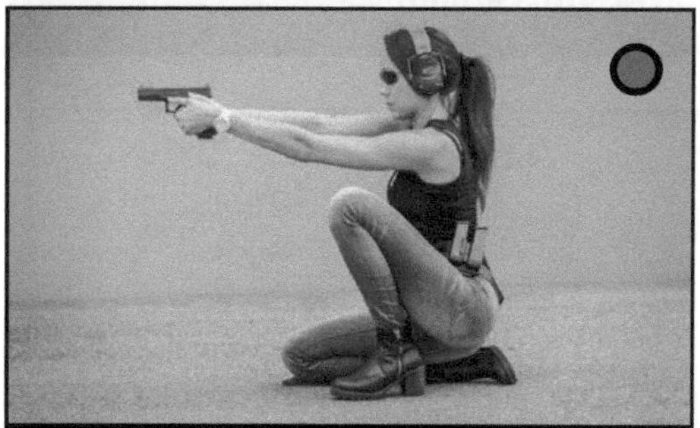

d) Magazin versorgen und man ist wieder feuerbereit!

Bild 57) Hoch kniende Position.

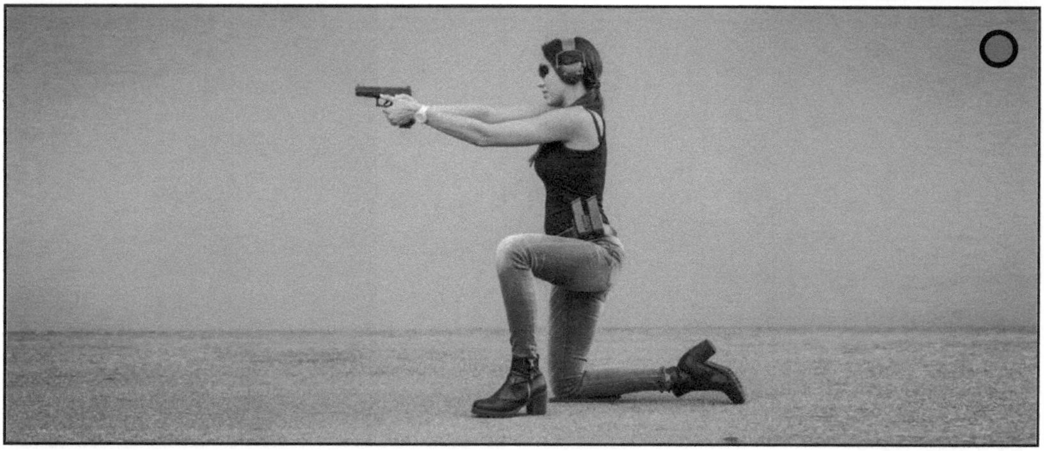

Bild 58 a - f)
Taktischer Magazinwechsel in stehender Position:

Der taktische Magazinwechsel erfordert ebenfalls viel Übung!

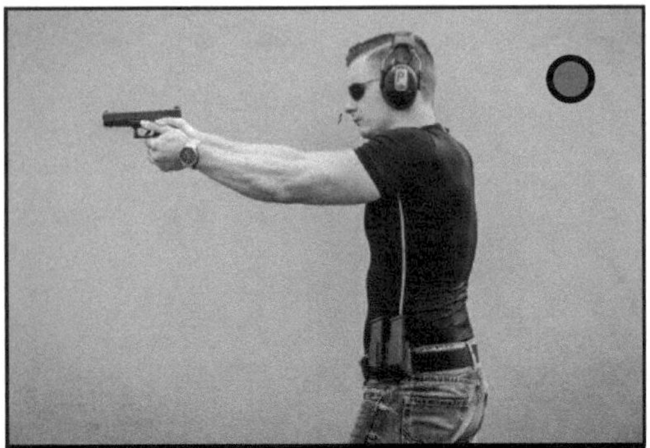

a) Schussabgabe

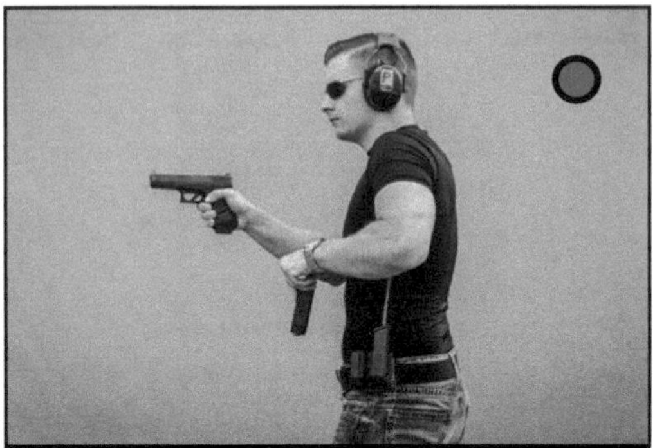

b) Waffe näher zum Körper führen. Griff zum Reservemagazin.

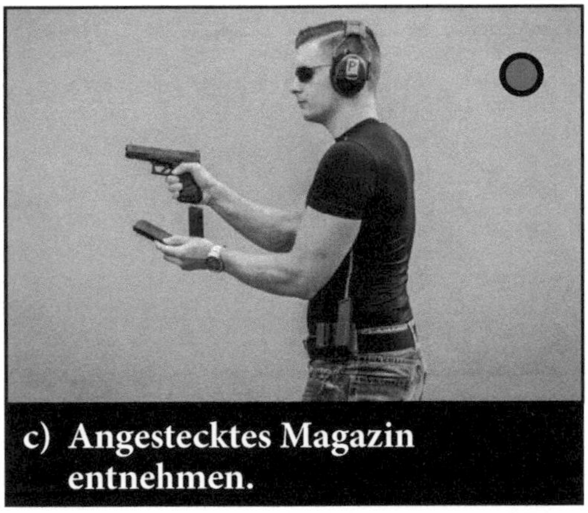

c) Angestecktes Magazin entnehmen.

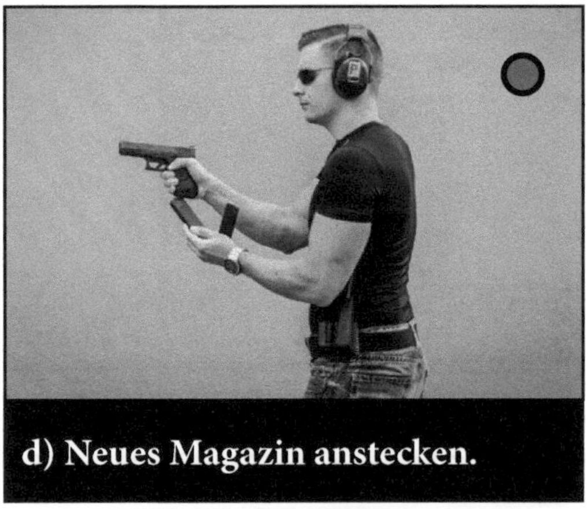

d) Neues Magazin anstecken.

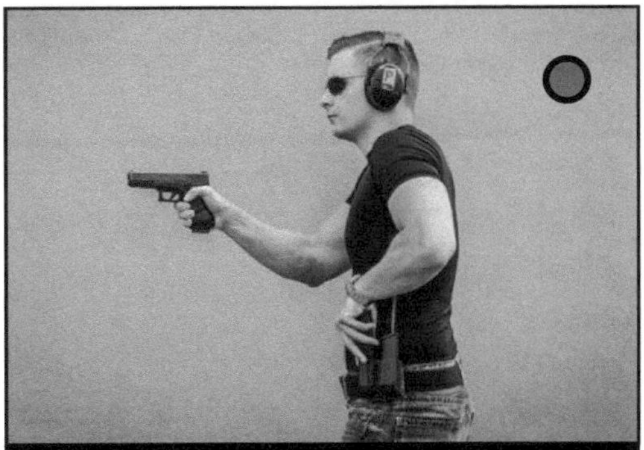

e) Entnommenes Magazin holstern.

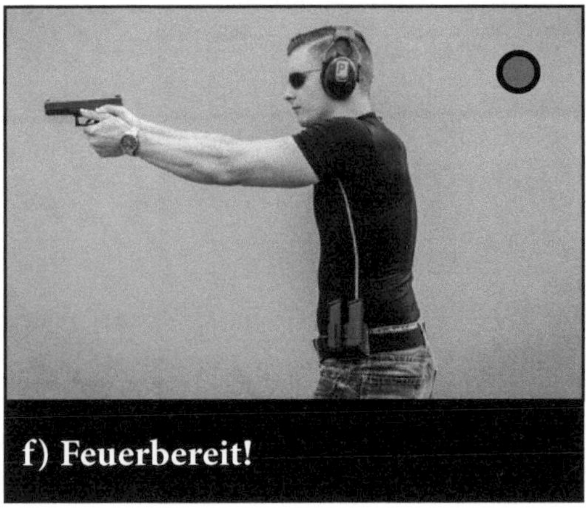

f) Feuerbereit!

b.) Der erzwungene Magazinwechsel:

Nach dem letzten Schuss bleibt der Verschluss - im Normalfall - in hinterer Stellung, da er vom Verschlussfanghebel, welcher vom Zubringer des Magazins nach oben gedrückt und dadurch in dieser Position arretiert wird. Jetzt erkennen wir, dass ein Magazinwechsel notwendig bzw. erzwungen ist, sofern man weiterschießen möchte! Und davon gehen wir hier aus.

Ablauf: (Rechtsschütze)

Man zieht die Waffe zurück in Richtung Brustkorb. Während dieser Bewegung drückt man mit seinem Daumen den Magazinhalter und lässt das Magazin zu Boden fallen. Gleichzeitig greift man mit der linken Hand zum Reservemagazin, zieht es aus dem Holster und führt es in Richtung Waffe. Jetzt wird das Reservemagazin an die Waffe angesteckt und es erfolgt der Kontrollzug am Magazin. Damit haben wir wieder Gewissheit, dass das Magazin auch wirklich im Griffstück der Waffe eingerastet ist und bei Abgabe des ersten Schusses nicht wieder herausfällt!

Möglichkeit 1:

Jetzt drücken wir mit dem Daumen den Verschlussfanghebel, um den Verschluss wieder in vordere Stellung zu bringen und die Waffe verriegelt. Damit ist natürlich auch das automatische Zubringen einer Patrone aus dem Magazin in den Laderaum verbunden und die Waffe somit wieder einsatzbereit!

Möglichkeit 2:

Nach dem Anstecken des Magazins zieht man den Verschluss der Waffe mit seiner Nichtschusshand zurück und lässt ihn wieder nach vorne schnellen. Da man bei dieser Methode mit seiner Nichtschusshand jedoch auf den Verschluss greifen und danach die Waffe wieder neu fassen muss, ist dies zeitaufwändiger und daher für einen Wettkampf eher weniger geeignet!

Nach meinen Recherchen hält es so mancher Schießtrainer für vernünftiger, beim erzwungenen Magazinwechsel sehr wohl mit der Nichtschusshand den Verschluss zu erfassen, dann zu repetieren und den Verschluss wieder nach vorne schnellen zu lassen. Dies wird damit begründet, dass die Feinmotorik in den Fingern in einer Stresssituation vermutlich nicht voll funktioniert und der Magazinwechsel durch Drücken des Verschlussfanghebels daher nicht richtig durchgeführt werden kann. Das ist die EINE Meinung.

Ich sehe dies ein wenig anders:

Wenn man *sehr konsequent und intensiv* den Magazinwechsel so trainiert, dass man mit der Nichtschusshand NICHT repetiert, sondern mit dem Daumen seiner Schusshand den Verschlussfanghebel zum Nachladen der Waffe drückt (siehe Möglichkeit 1), bin ich sehr wohl davon überzeugt, dass die Feinmotorik auch in einer Stresssituation funktioniert! Wenn wir nämlich derartige Bewegungsabläufe sehr intensiv trainieren und damit in unserem *„Muskelgedächtnis"* abspeichern, dürfte es hier keine Probleme geben. Das haben wir in diesem Buch schon öfter gelesen!

Es ist eben alles eine Frage der Trainingsintensität!

Aber ich denke, es wird das Beste sein, wenn man beide Methoden ausgiebig probiert und dann für sich selber entscheidet, für welche Art des Nachladens man sich schlussendlich entscheidet!

Bild 59) Magazinhalter drücken – Magazin fällt zu Boden.

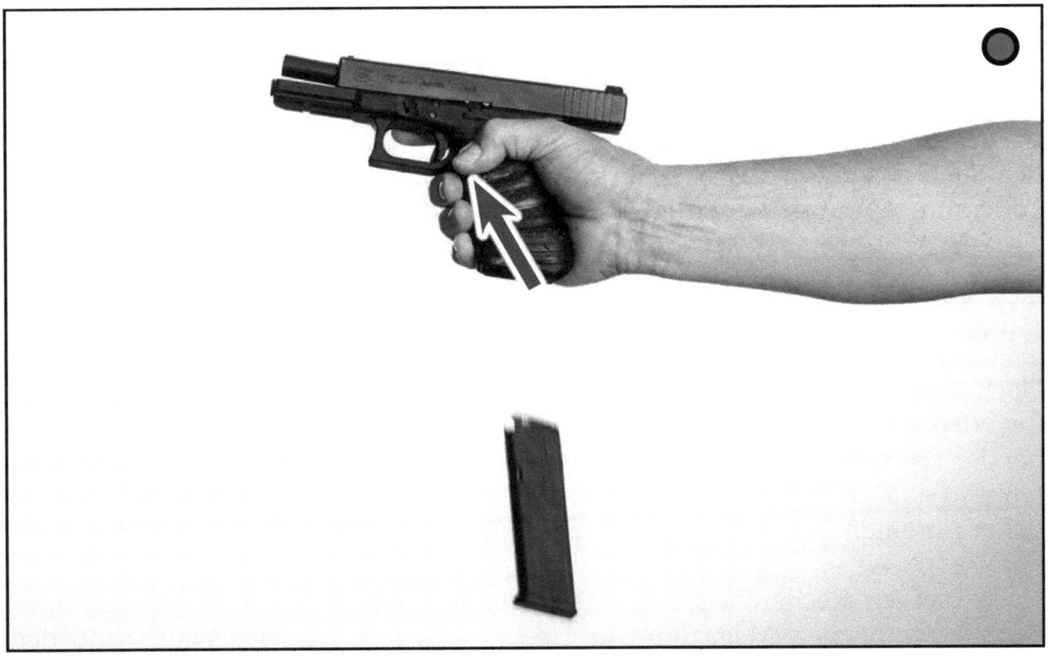

Der Verschluss der Waffe bleibt nach dem letzten Schuss in hinterer Position. Der Magazinhalter wird mit dem Daumen der Schusshand gedrückt, das Magazin wird zu Boden fallen gelassen. Die Waffe bleibt unverändert in der Schusshand positioniert, während die Nichtschusshand das Reservemagazin ergreift.

Dieses sollte - wie bereits erwähnt - beim Rechtsschützen an der linken, vorderen Körperseite positioniert werden.

Gegengleich beim Linksschützen.

Es kann vorkommen, dass der Magazinhalter mit dem Daumen nicht gedrückt werden kann, wenn der Daumen etwas zu kurz ist. Man erreicht den Magazinhalter dann nicht.

Dazu gibt es einen kleinen Trick:

Dazu muss man den Griff am Griffstück natürlich leicht lösen.

Danach dreht man die Waffe ganz leicht in Richtung Daumenseite, sodass die Waffe ganz leicht nach links geschwenkt in der Hand liegt. Danach erreicht man den Magazinhalter ganz leicht und kann diesen drücken. Dabei fällt das Magazin zu Boden.

Bild 60) Einführen des Reservemagazins.

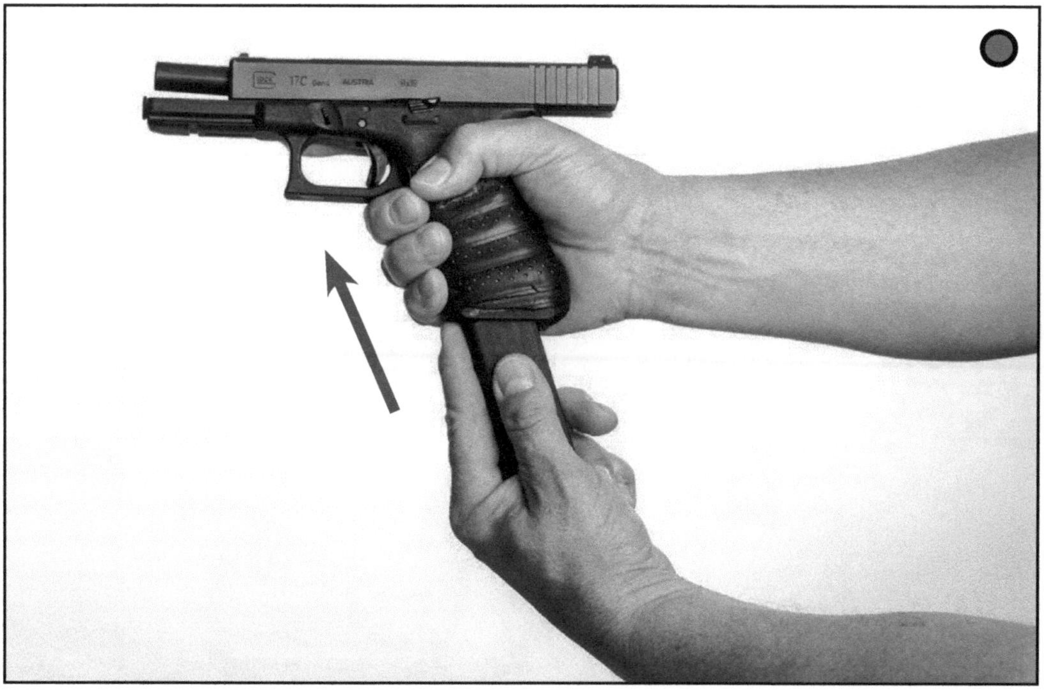

Auch hier ist zu sehen, dass der Zeigefinger der Nichtschusshand an der Vorderseite des Magazins angelegt ist und so als Führung dient.

Bild 61) Druck auf das Magazin von unten.

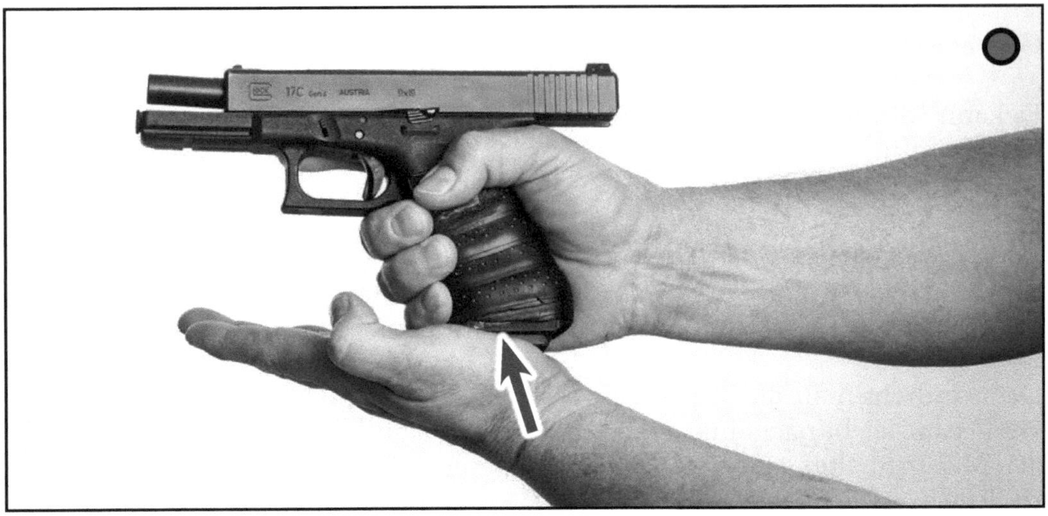

Jetzt ist es wichtig, das Magazin mit dem Handballen der Nichtschusshand von unten nach oben in die Magazinaufnahme nur zu drücken! Nicht schlagen!

Bild 62)
Verschlussfanghebel (roter Pfeil) nach unten drücken (gelber Pfeil).

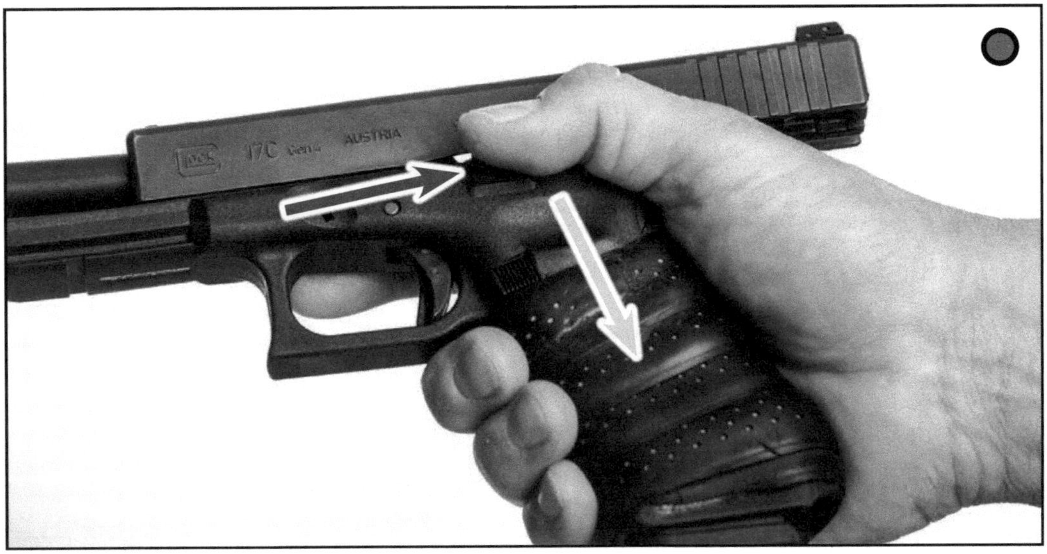

Der Verschlussfanghebel ist mit dem Daumen leicht erreichbar und wird nach unten gedrückt.

Bild 63) Die geladene Waffe.

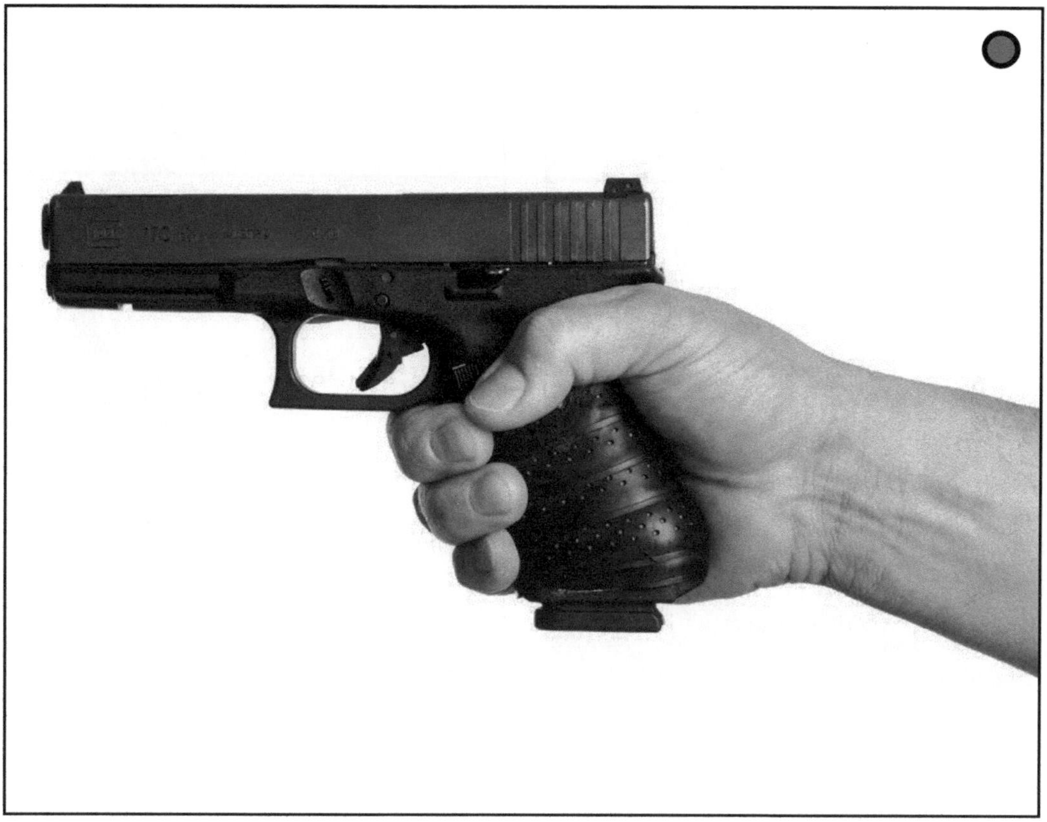

Auch hier gilt wieder der *unumgängliche Grundsatz: Finger gestreckt!!*

Nachdem das neue Magazin angesteckt ist, wird mit dem Daumen der Schusshand der Verschlussfanghebel gedrückt (Bild Nr. 62 u. 64c). Diese Bewegung erlaubt es, dass man zeitgleich mit der Nichtschusshand die Waffe sofort wieder voll erfassen kann.

Auch hier wird man um ein intensives Training nicht herumkommen!

Es besteht natürlich auch die Möglichkeit, dass man mit der Nichtschusshand den Verschluss nach hinten zieht und durch die Federkraft nach vorne schnellen lässt. Aber dazu müsste man wieder umgreifen und das kostet wiederum Zeit. Dies wurde zuvor bereits erwähnt.

Meine Empfehlung: Beide Methoden selber probieren und sich dann für eine der beiden Möglichkeiten entscheiden!

Bild 64 a – d) Der erzwungene Magazinwechsel:

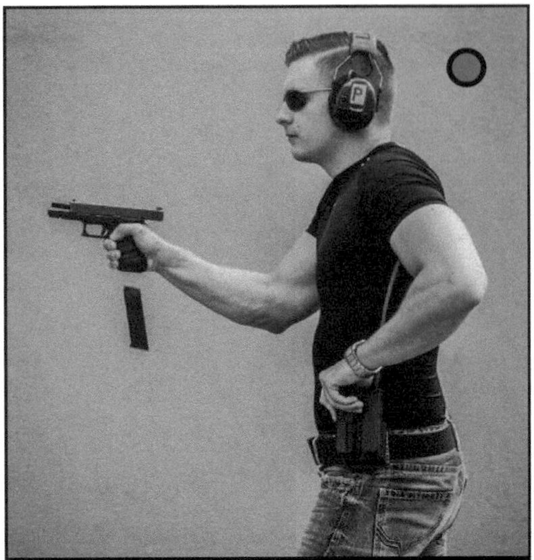

a) Das leer geschossene Magazin wird durch Drücken des Magazinhalters aus der Waffe entfernt und zu Boden fallen gelassen. Der Verschluss bleibt offen!

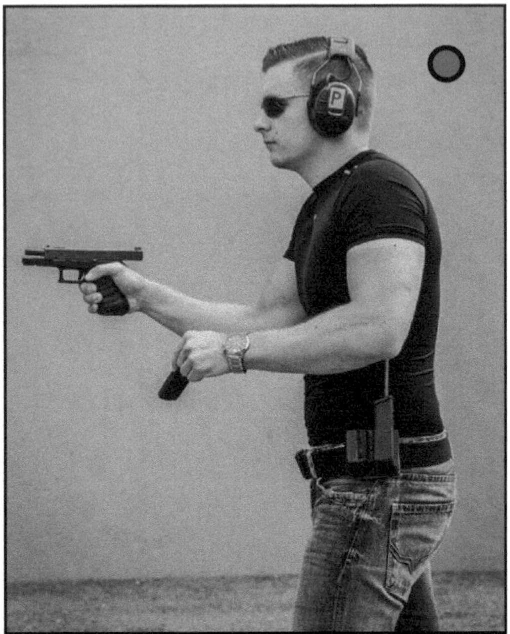

b) Das Reservemagazin wird zur Waffe geführt und angesteckt.

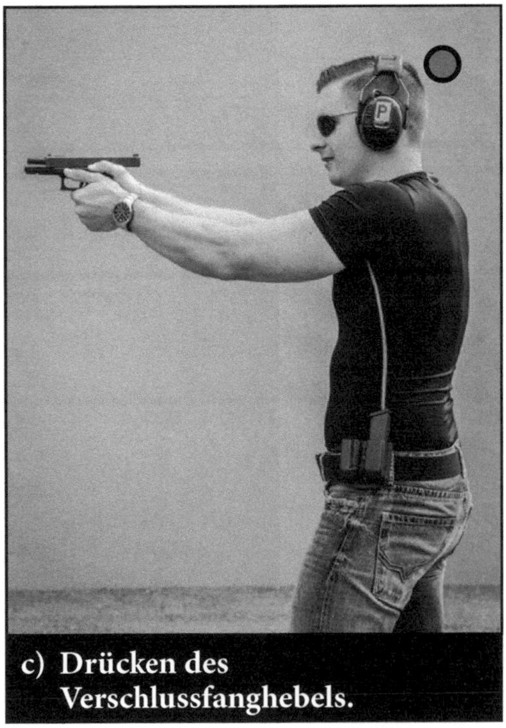

c) Drücken des Verschlussfanghebels.

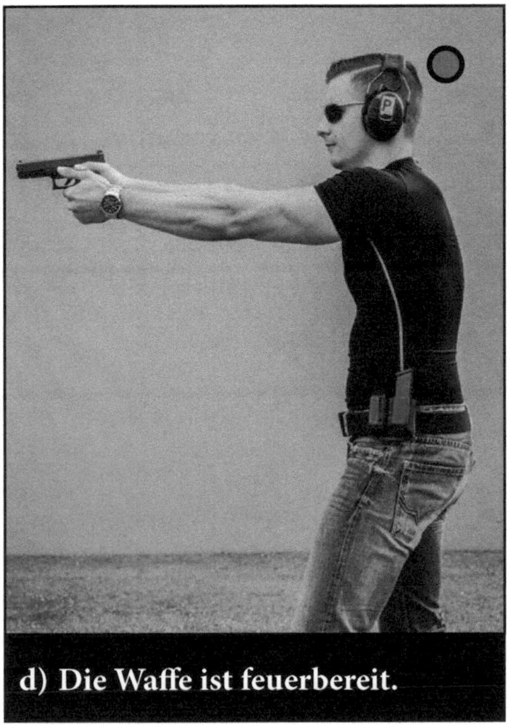

d) Die Waffe ist feuerbereit.

c.) Der einhändige Magazinwechsel:

Ein Magazinwechsel ist auch einhändig möglich. Bevor man diesen Magazinwechsel im scharfen Schuss durchführen soll, so empfehle ich ***dringend***, dass man mit der Waffe ***schon sehr gut vertraut sein muss!***

Ein Anfänger sollte sich von diesem Magazinwechsel zunächst noch fernhalten, da es schon ein sehr hohes Maß an Handhabungssicherheit an der Waffe erfordert, um diesen gefahrlos durchführen zu können!
Falscher Ehrgeiz könnte hier sehr schnell ins Auge…äh… ins Bein gehen!

Wann führt man den einhändigen Magazinwechsel durch?

Der einhändige Magazinwechsel wird dann durchgeführt, wenn man sich z.B. in einem (bereits schwierigen) Schießparcours befindet und sich mit der Nichtschusshand irgendwo festhalten muss (siehe Abbildung Nr.65).
Weiters kann der einhändige Magazinwechsel von Vorteil sein, wenn man in einer Notwehrsituation an einem Arm (oder Hand) durch äußere Einwirkungen verletzt worden ist. Dies fällt aber schon in den Bereich „einsatzmäßiges Schießen" und wird für den einfachen Hobbyschützen wohl eher nicht der Fall sein.
Ich möchte dies hier nur erwähnen und daher nur kurz ansprechen.

Ablauf:

Zunächst kniet man ab. Zeitgleich führt man die Waffe in Richtung der betreffenden Kniekehle (Links- Rechtsschütze) und bettet sie dort ein (siehe Abbildung Nr. 65). Danach erhöht man die Spannung in der Kniekehle, indem man präzise den Muskeldruck in derselben erhöht. Dies muss so durchgeführt werden, dass die Waffe in der Kniekehle zwischen Ober- und Unterschenkel einen guten Halt hat. Jetzt nimmt man mit der Schusshand das Magazin aus der Waffe und steckt es weg.

Ist das Magazin leergeschossen, kann man es auch fallen lassen. Dann erfasst man das Reservemagazin und steckt es an der Waffe an. Sollte sich noch eine Patrone im Laderaum befinden, erübrigt sich das Repetieren.

Sollte das Magazin jedoch leergeschossen und der Verschluss in rückwärtiger Stellung arretiert sein, so betätigt man nach dem Anstecken des Magazins und in der anschließenden Schießhaltung lediglich den Verschlussfanghebel.

Die Waffe ist somit wieder einsatzbereit

Ich möchte an dieser Stelle ausdrücklich darauf hinweisen, dass man den oben beschriebenen Magazinwechsel am Anfang keinesfalls mit scharfer Munition üben soll!

Hier ist es unbedingt erforderlich, dass man seine Waffe bereits sehr gut beherrscht! Unsicherheiten in der Waffenhandhabung können hier unter Umständen zu schweren Verletzungen führen!

Es wird aus meiner Sicht dringend angeraten, diese Art von Magazinwechsel vorerst ausschließlich mit Exerzierpatronen zu üben, und zwar so lange, bis der richtige Bewegungsablauf wirklich absolut sitzt!!!

Bild 65) Der einhändige Magazinwechsel.

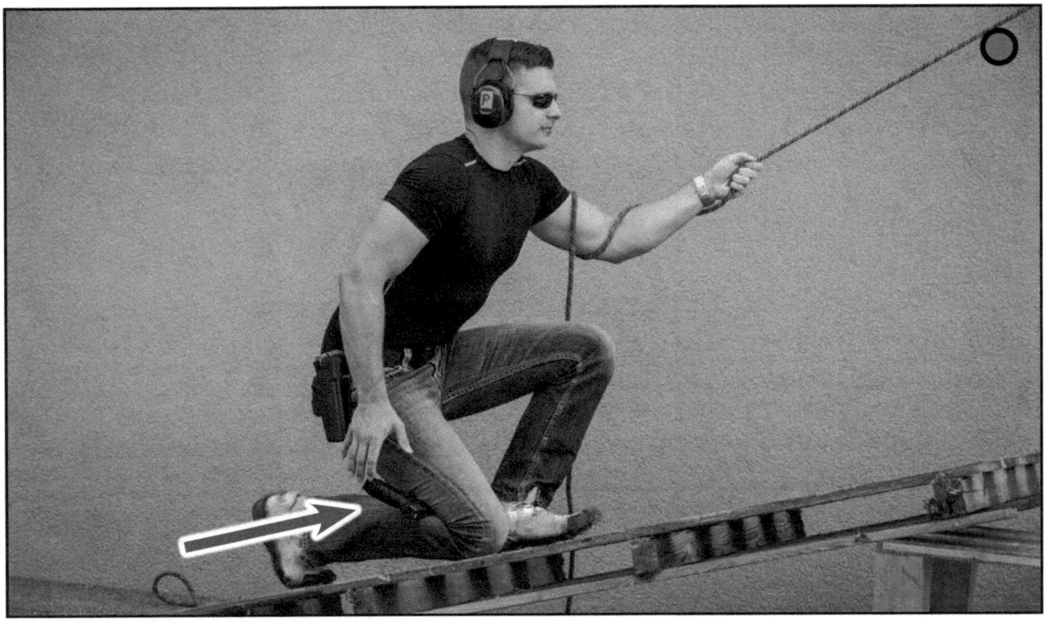

Hier sieht man den Schützen in kniender Position, wobei er sich mit der Nichtschusshand festhält. Die Waffe ist dabei in der Kniekehle eingeklemmt und durch Muskelspannung des Ober- und Unterschenkels fixiert. Das angesteckte Magazin wird abgenommen und gegen ein neues Magazin ausgetauscht.

Sollten im abgenommenen Magazin noch Patronen vorhanden sein, so versorgt man dieses Magazin am Körper. Ein leergeschossenes Magazin kann auch fallen gelassen werden.

Bild 66) Der einhändige Magazinwechsel.

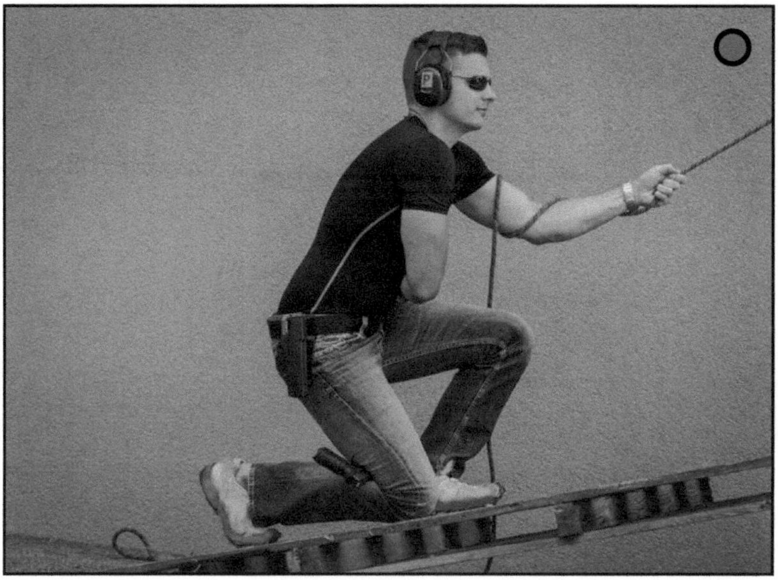

Umgreifen auf das Reservemagazin und dieses Magazin an die Waffe anstecken!

Bild 66 a) Anstecken des Magazins.

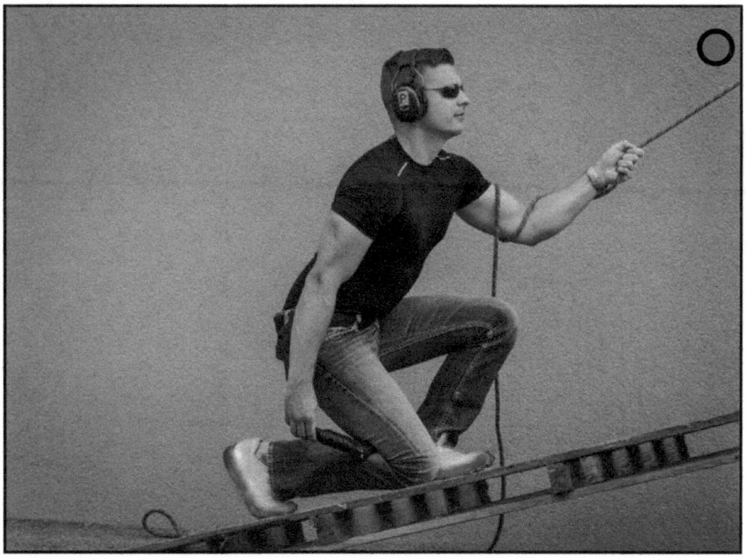

Auch hier auf den Kontrollzug am Magazin nicht vergessen!

KAPITEL XII:

Das Entladen der Pistole

Zum Herstellen von „*Sicherheit an einer Schusswaffe*“ ist es unabdingbar, diese zu entladen. Es ist eben nicht von der Hand zu weisen, dass das Entladen die absolut beste technische Sicherung einer Waffe ist! Ein höheres Maß an Sicherheit gibt es diesbezüglich nicht! Ich bin davon überzeugt, dass bei sachgemäßem Umgang mit Waffen viele Unfälle hätten vermieden werden können. Eine gewisse Routine birgt nämlich auch die Gefahr in sich, dass man unvorsichtig wird und daher auch die notwendige Aufmerksamkeit vernachlässigt.

Dem kann man entgegenwirken, indem man *ALLE* Handgriffe, die man an einer Waffe ausführt, sehr sorgfältig überlegt!

Zum Entladen empfiehlt sich folgende Vorgangsweise:

- Der Lauf zeigt (immer) in eine sichere Richtung
- Magazin abnehmen und wegstecken
- Waffe auf den Kopf drehen
- Mit der Nichtschusshand die Auswurföffnung umschließen
- Patrone aus dem Laderaum repetieren und auffangen
- Patrone wegstecken
- Waffe zurückdrehen und Kontrollblick in den Laderaum
- Verschluss nach vor lassen
- Abziehen

Jetzt ist die Sicherheit einer Pistole hergestellt!

Bild 67) Die Waffe wird auf den Kopf gedreht.

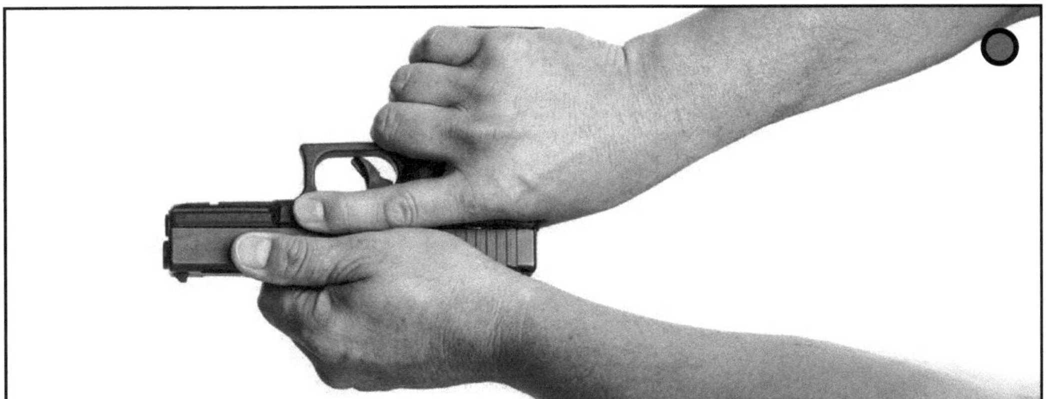

Nachdem die Waffe auf den Kopf gedreht worden ist, umfasst die Nichtschusshand die Auswurföffnung. Auch bei diesem Vorgang ist der Schießfinger gestreckt! Die Auswurföffnung sollte mit der Nichtschusshand voll abgedeckt sein.

Bild 68) Der Verschluss wird zurückgezogen und in dieser Position arretiert.

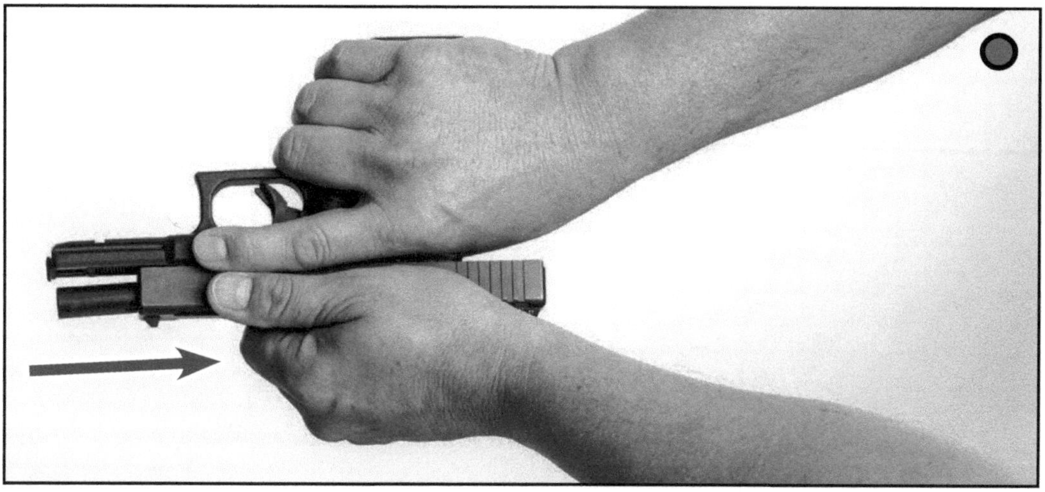

Der Verschluss wird nach hinten gezogen, wobei gleichzeitig die Patrone aus dem Laderaum repetiert wird. Diese wird mit der Nichtschusshand aufgefangen! Die Arretierung des Verschlusses erfolgt mit dem Daumen der Schusshand, indem der Verschlussfanghebel betätigt wird.

Bild 69) Die Patrone kommt in der Nichtschusshand zu liegen.

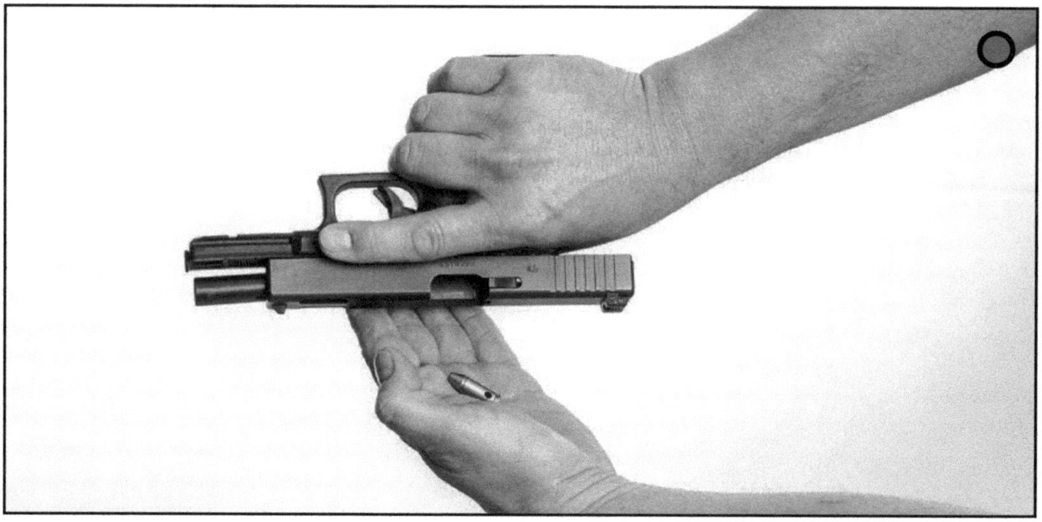

Danach Waffe zurückdrehen, Kontrollblick durchführen und abziehen! *Siehe dazu Bild Nr. 52!*

KAPITEL XIII:

Beheben von Hemmungen

Trotz der hochwertigen Fertigung von Waffen und deren technischen Präzision, können wir Fehler derselben nicht gänzlich ausschließen. Bei jedem Schießen kann es aus unterschiedlichen Gründen zu diversen Hemmungen bzw. Störungen kommen und diese gilt es zu beheben.

Diese können sein:

- Zuführstörungen
- Ausziehstörungen
- Zündstörungen
- Waffenstörungen
- Schützenstörungen

Zuführstörung:

Bei der Zuführstörung spielen meist schmutzige Magazine (Zubringer) oder auch eine schmutzige Zuführrampe eine Rolle. Durch häufiges Schießen und nur spärliches Reinigen der Waffe treten solche Störungen gerne auf. Das Reinigen hat eben nicht nur einen optischen Sinn, sondern trägt zur reibungslosen Funktion der Waffe bei. Weiters kann eine Zuführstörung auch durch defekte Magazine (Zubringer) auftreten. Diese werden lediglich ausgetauscht. Eine Kontrolle der Waffe sollte nach jedem Schießen durchgeführt werden!

Ausziehstörung:

Bei der Ausziehstörung handelt es sich meist um eine defekte Ausziehkralle oder unter Umständen um eine defekte Druckbolzenfeder. Beide können dementsprechende Abnützungen aufweisen und dadurch in ihrer eigentlichen Funktion eingeschränkt sein.

Auch starke Verschmutzung in der Ausziehkralle können eine Ursache sein.
Auch hier wird man um einen Austausch der defekten Teile, bzw. Reinigung wohl nicht herumkommen!

Zündstörung:

Bei Zündstörungen ist es meist die fehlerhafte Munition. Der Schlagbolzen schlägt am Zündhütchen zwar an, jedoch zündet die Patrone nicht. Dies ist meist auf ein fehlerhaftes Zündhütchen zurück zu führen.
Eine weitere Ursache für eine Zündstörung kann sein, dass der Schlagbolzen bereits abgenutzt ist. D.h, dass die Spitze des Schlagbolzens nicht tief genug auf das Zündhütchen schlagen kann. Dieses wird dabei nur angekratzt! Derart schadhafte Munition muss verlässlich entsorgt werden!
Abgenutzte Schlagbolzen treten meiner eigenen Erfahrung nach u. a. fallweise bei sehr häufig verwendeten Schrotgewehren auf (z.B.: häufiges Tontaubenschießen). Bei Ausübung dieser Sportart werden die Schlagbolzen eines Schrotgewehres naturgemäß sehr stark belastet. Es wäre nicht der erste Schlagbolzen, den ich an meinem Schrotgewehr (Bockflinte) tauschen musste!

Waffenstörung:

Waffenstörungen können sehr umfangreich sein. Das können Haarrisse am Verschluss oder Griffstück sein, verstellte Visiere oder andere, technische Defekte. Sie hier alle zu beschreiben wäre zu umfangreich.
Bei Waffenstörungen wird man meist ohnehin nicht darum herumkommen, den Waffentechniker aufzusuchen.

Schützenstörung:

Störungen an der Waffe können natürlich auch vom Schützen unbewusst herbeigeführt werden. Ein Klassiker ist es, wenn der Schütze eine Pistole so hält, dass er mit dem Daumen seiner Schusshand unbewusst den Verschlussfanghebel (bei div. Pistolen) während des Schießens nach oben drückt. Dadurch blockiert der Verschluss in rückwärtiger Stellung und es kann so die nächste Patrone aus dem Magazin nicht zugeführt werden! Hier stimmt der Waffengriff nicht!

Was tun bei Auftreten von Hemmungen?

Wir haben gesehen, dass Hemmungen/Störungen sehr vielfältig sein können. Abhängig von der Art der Störung ist auch die Behebung solcher Störungen unterschiedlich. Je nachdem wie wir gerade schießen (Faktor Geschwindigkeit), reagieren wir auf die unterschiedlichen Fehlfunktionen.

Hier einige Lösungsvorschläge:

➢ *Bei Zuführstörungen, oder Waffe verschließt nicht:*

- Leichter Schlag von hinten auf den Verschluss.
- Magazin abnehmen, Waffe entladen und erneut laden.
- Reinigen der Waffe (evtl. Schmutz vom Zubringer des Magazins und der Zuführrampe entfernen).

➢ *Bei Ausziehstörungen:*

- Ausziehkralle reinigen.
- Evtl. Waffentechniker aufsuchen.

➢ *Bei Zündstörungen:*

- Einige Sekunden im Anschlag bleiben.
- Patrone aus der Waffe repetieren.
- Evtl. Waffentechniker aufsuchen.

➢ *Bei Waffenstörungen:*

- Waffentechniker aufsuchen.

➢ *Bei Schützenstörungen:*

- Üben, üben, üben…

TIPP

Es bringt eine Menge Sicherheit, wenn man am Schießstand Hemmungen schnellstmöglich beheben kann. Herummurksen aus Unwissenheit erzeugt lediglich Ärger und nimmt uns die Freude am Schießsport!

Ein paar Worte zur Ballistik:

Allgemeine Definition:

Unter Ballistik versteht man die Lehre von geworfenen oder geschossenen Körpern durch den Raum.

Ich möchte hier *lediglich informativ* auf ein paar allgemeine Ausführungen zu diesem Thema eingehen, denn, wenn man sich mit Ballistik intensiv beschäftigen will, benötigt man schon mehr dazu, als hier ein paar Zeilen!

Man unterscheidet:

- Innenballistik
- Außenballistik
- Zielballistik

Unter ***Innenballistik*** versteht man den Bewegungsvorgang eines Geschosses in einer Schusswaffe beim Abfeuern einer Patrone. Wenn eine Patrone abgefeuert wird, so entsteht dadurch im Lauf der Waffe ein gewisser Druck. Dieser ist u.a. abhängig von der Art und dem Kaliber der Patrone und bewirkt, dass das Geschoss aus dem Lauf gefeuert wird, bzw. dass die dadurch entstehende Kraft u.a. auch den Verschluss (bei Pistolen) zum Nachladen der Waffe betätigt.

Man unterscheidet grundsätzlich einen Gasdrucklader von einem Rückstoßlader. Beide werden natürlich erst beim Abfeuern einer Patrone aktiv.
Neben Gasdruck- und Rückstoßlader gibt es auch noch Repetierwaffen (Jagdgewehre).

Unter ***Außenballistik*** versteht man die Vorgänge eines abgeschossenen Projektils während der Flugphase. Während dieser Phase wirken u.a. die Erdanziehungskraft und auch der Luftwiderstand auf das abgefeuerte Projektil ein.

Dies hat zur Folge, dass das Geschoss nach einer gewissen gekrümmten Flugbahn (je nach Abschusswinkel, Entfernung etc.) unter Umständen von der Visierlinie abweichend, in einem Ziel einschlägt.

Ein abgefeuertes Geschoss dreht sich während der Flugphase um seine eigene Achse, damit die Flugbahn stabil bleibt. Dies wird als „Drall“ bezeichnet. Wäre dieser Effekt nicht vorhanden, so würde sich ein Geschoss kurz nach dem Abfeuern überschlagen und mit einem präzisen Treffer wäre es vorbei!
Der Drall wird durch die im Lauf einer Waffe befindlichen „Züge“ und „Felder“ hervorgerufen. Diese Züge und Felder kann man leicht erkennen, indem man den Lauf einer Waffe in Richtung einer Lichtquelle hält und durch diesen hindurchblickt.

Es gibt aber auch Geschosse (z.B. Flintenlaufgeschosse bei Jagdwaffen u. a.), die ohne Drall abgefeuert werden. Die Präzision derartiger Geschosse im Hinblick auf die Trefferleistung hält sich auf größere Distanzen jedoch in Grenzen.

Unter ***Zielballistik*** versteht man das Verhalten eines Geschosses, wenn es auf einen Körper auftrifft, wenn es in einen Körper eindringt, oder wenn das Geschoss durch einen Körper durchdringt.

Schnellere oder schwerere Geschosse haben eine andere Durchschlagskraft als langsamere oder leichtere Geschosse, und von Geschossen gibt es wahrhaftig eine Unmenge!

In diesem Zusammenhang kennen wir auch den Begriff „Auftreffenergie“, die natürlich auch abhängig von Geschwindigkeit, Entfernung, Geschossart und Kaliber unterschiedlich sein kann, und wird in „Joule“ ausgedrückt.

Wie bereits erwähnt, soll dies nur ein ganz grober Einblick in die Ballistik sein. Wer sich mit diesem Thema näher beschäftigen will, sollte sich dahingehend mit geeigneter Fachliteratur eindecken und diese auf sich wirken lassen…

KAPITEL XIV:

Körperhaltungen beim Schießen

Wie man stehend schießt, haben wir bereits im Kapitel IV gesehen. Doch wir wollen uns nicht auf das stehende Schießen beschränken, sondern sehen wir uns an, aus welchen Positionen man noch schießen kann!

a.) Die kniende Position:

Es wirft sich die Frage auf, aus welchem Grund sollte man kniend schießen, bzw. wann werde ich diese Körperhaltung einnehmen? Dies kann sehr vielfältig sein und geht vom Combatschießen bis hin zu einer echten Notwehrsituation (die wir uns nicht wünschen).

Kniend schießen bedeutet, dass man sich selber - aus welchen Gründen auch immer - klein macht, bzw. dass man in dieser Position eine in entsprechender Höhe angebrachte Deckung ausnützt, falls dies erforderlich ist.
Wir unterscheiden zwischen einer

„Sichtdeckung – Sichtschutz“

und einem

„ballistischen Schutz“!

Letzterer schützt uns eben auch vor Geschosseinwirkungen und sollte vorzugsweise – falls möglich – aufgesucht werden.

Man wird sich dies aber nicht immer aussuchen können, doch bei genauerer Überlegung wird man feststellen, dass es mehr ballistischen Schutz in öffentlichen Bereichen gibt, als man denkt!

Beispiele:

- Dicke Bäume
- Mauern
- Prall gefüllte Müllkübeln (je nach Inhalt)
- Stiegenaufgänge
- Motorblock eines KFZ
- Heuballen
- Felgen von Fahrzeugen
- Betonteile auf öffentlichen Plätzen…

…um nur einige zu nennen.

Natürlich hängt die Wirkung eines solchen Schutzes davon ab, welches Kaliber darauf abgefeuert wird. Je stärker die Wirkung eines Geschosses, desto besser muss der ballistische Schutz sein. Ist einleuchtend.

Empfehlung für den Rechtsschützen (RS) – Dreieckspositin:

Als RS kniet man mit seinem rechten Knie ab. Der linke Fuß wird stark schulterbreit in einem Winkel von ca. 45 Grad nach links außen abgestellt. Dies ist lediglich eine grobe Beschreibung, der Winkel kann natürlich auch ein wenig größer oder kleiner sein.

Das rechte Knie (grüner Punkt) wird wie abgebildet abgestellt. Daraus ergibt sich eine stabile Dreiecksposition. Auch hier hängen die Abstände zwischen den Füßen und dem am Boden abgesetzten Knie von der Körpergröße und vom eigenen Gefühl ab.

Ein Pauschalrezept gibt es auch hier nicht!
Für Linksschützen gilt dies seitenverkehrt.

Schematische Darstellung der Dreiecksposition:

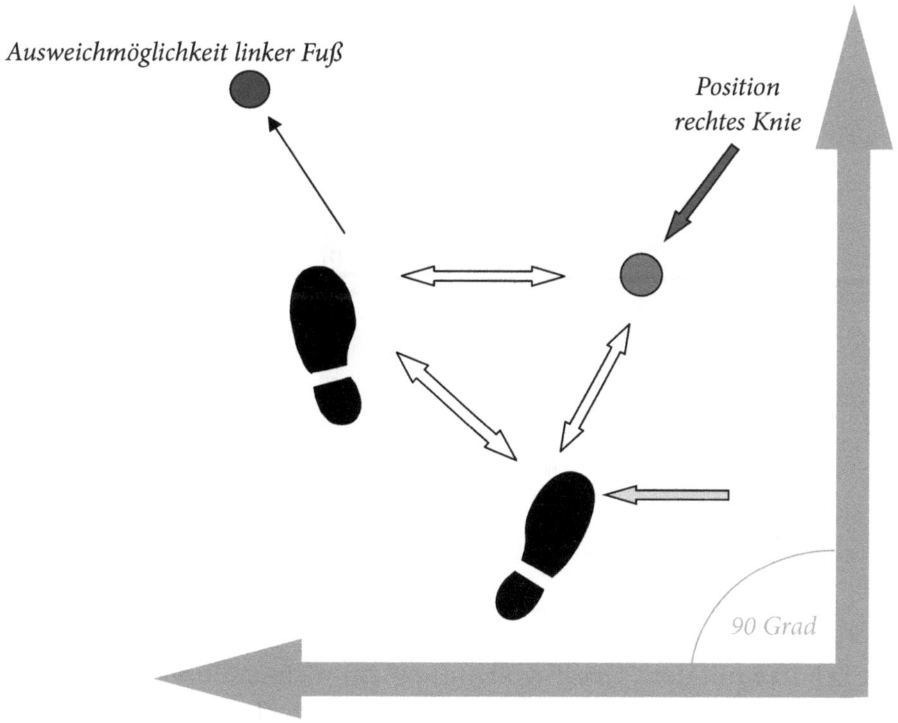

Wie bereits erwähnt, können die Abstände zwischen den Füßen und dem am Boden abgestellten Knie (grüner Punkt) unterschiedlich sein. Beim abgebildeten rechten Fuß berührt man mit diesem nur mit den Zehenballen bzw. Zehenspitzen den Boden (gelber Pfeil).

Der linke Fuß sollte mit der ganzen Sohle aufgesetzt werden, um besseren Bodenkontakt und dadurch bessere Stabilität zu haben. Es besteht natürlich auch die Möglichkeit, den linken Fuß etwas weiter vor dem rechten Knie zu positionieren (blauer Punkt).

Die Stabilität der Dreiecksposition bleibt dabei zwar erhalten, jedoch könnte eine geringfügige, seitliche Bewegungseinschränkung bei einer allfälligen Oberkörperdrehbewegung (Zielwechsel) auftreten!

MÖGLICHKEIT 1:

Man kann beim Knien mit seinem Gesäß auf der Ferse absitzen. Dies erzeugt bei den meisten Menschen aber doch eine höhere Spannung im Knie und kann unangenehm werden. Dafür ist man bei dieser Methode sehr stabil.

Bild 70) Vollständiges Absitzen auf der rechten Ferse.

Frontalansicht.

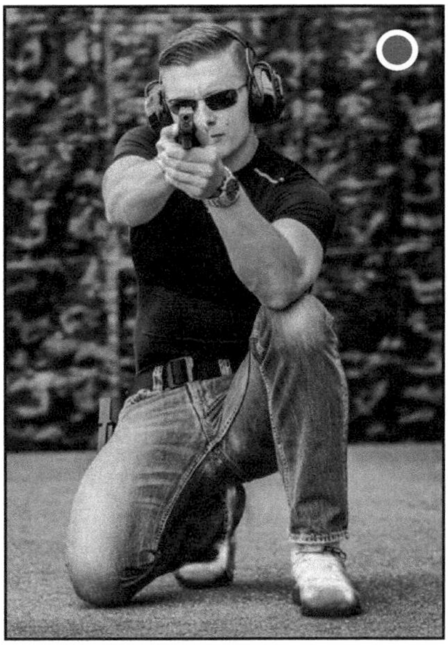

Hier kniet der Schütze mit dem Gesäß voll auf seinem rechten Fuß ab. Der linke Oberarm ist dabei zwecks Stabilität am linken Knie aufgelegt.

Bild 71) Vollständiges Absitzen auf der rechten Ferse.

Seitenansicht.

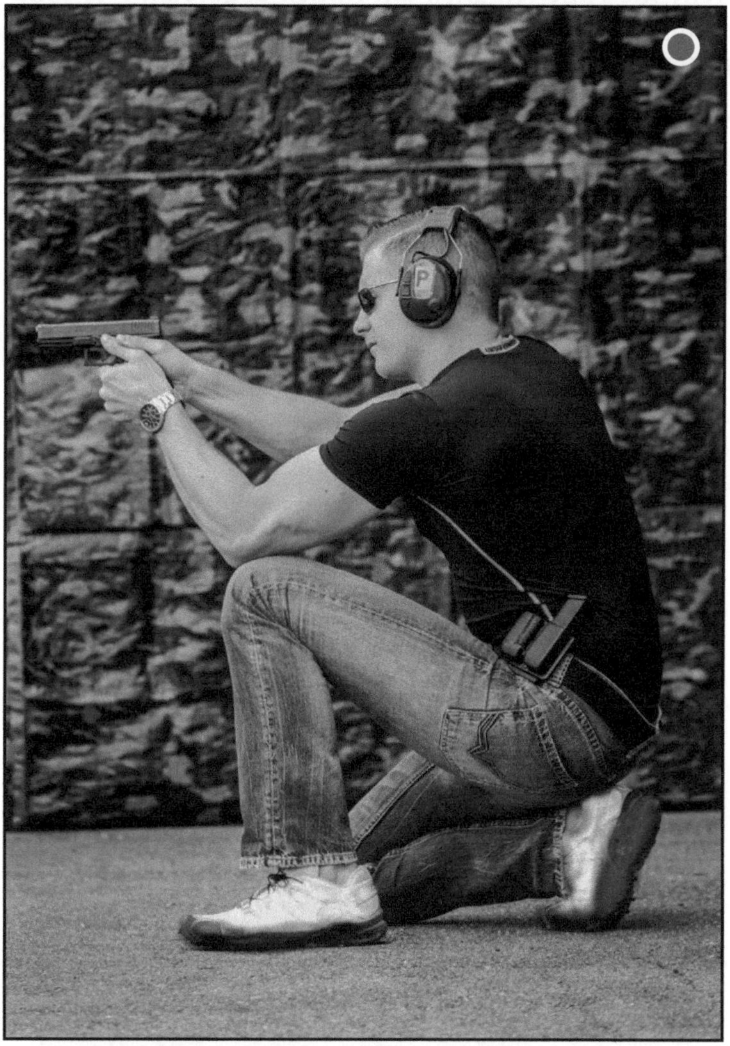

Hier kniet der Schütze mit dem Gesäß auf seiner rechten Ferse ab. Der linke Fuß ist mit der ganzen Sohle am Boden aufgesetzt, beim rechten Fuß berühren lediglich die Zehenspitzen den Boden. Das rechte Knie berührt auf etwa gleicher Höhe wie sein linker Fuß den Boden.

So ist eine stabile Dreiecksposition gegeben.

Wichtig: Wenn man etwas empfindlich ist, sollte man die Ellbogenspitze nicht direkt auf die Kniescheibe aufsetzen!

MÖGLICHKEIT 2:

Man kann aber auch kniend schießen, wenn man nicht am Gesäß absitzt. Dabei wird das betreffende Knie lediglich am Boden abgesetzt. Der linke Oberschenkel ist waagrecht, kann aber auch leicht schräg nach oben zeigen. Dies hat den Vorteil, dass es zu keinen Spannungen im Kniebereich kommt, jedoch ist der Oberkörper doch um etwas höher als bei Möglichkeit 1.

Fazit: Selber probieren, um die beste Position für sich individuell zu finden!

Bild 72) Kniend in erhöhter Position.

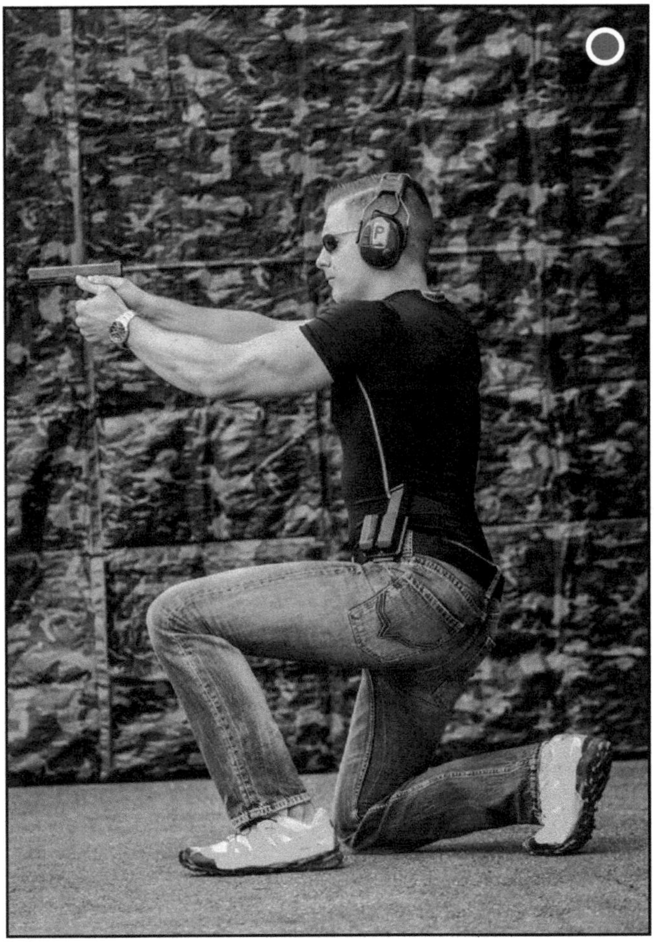

Hier sieht man den Schützen in erhöhter, kniender Position. Die Abstände der Punkte in der Dreiecksposition können wie bereits erwähnt, abhängig von der Körpergröße und dem persönlichen Empfinden, variieren.

Bild 73)
Kniend hinter eine Deckung (hier nicht optimal ausgenützt).

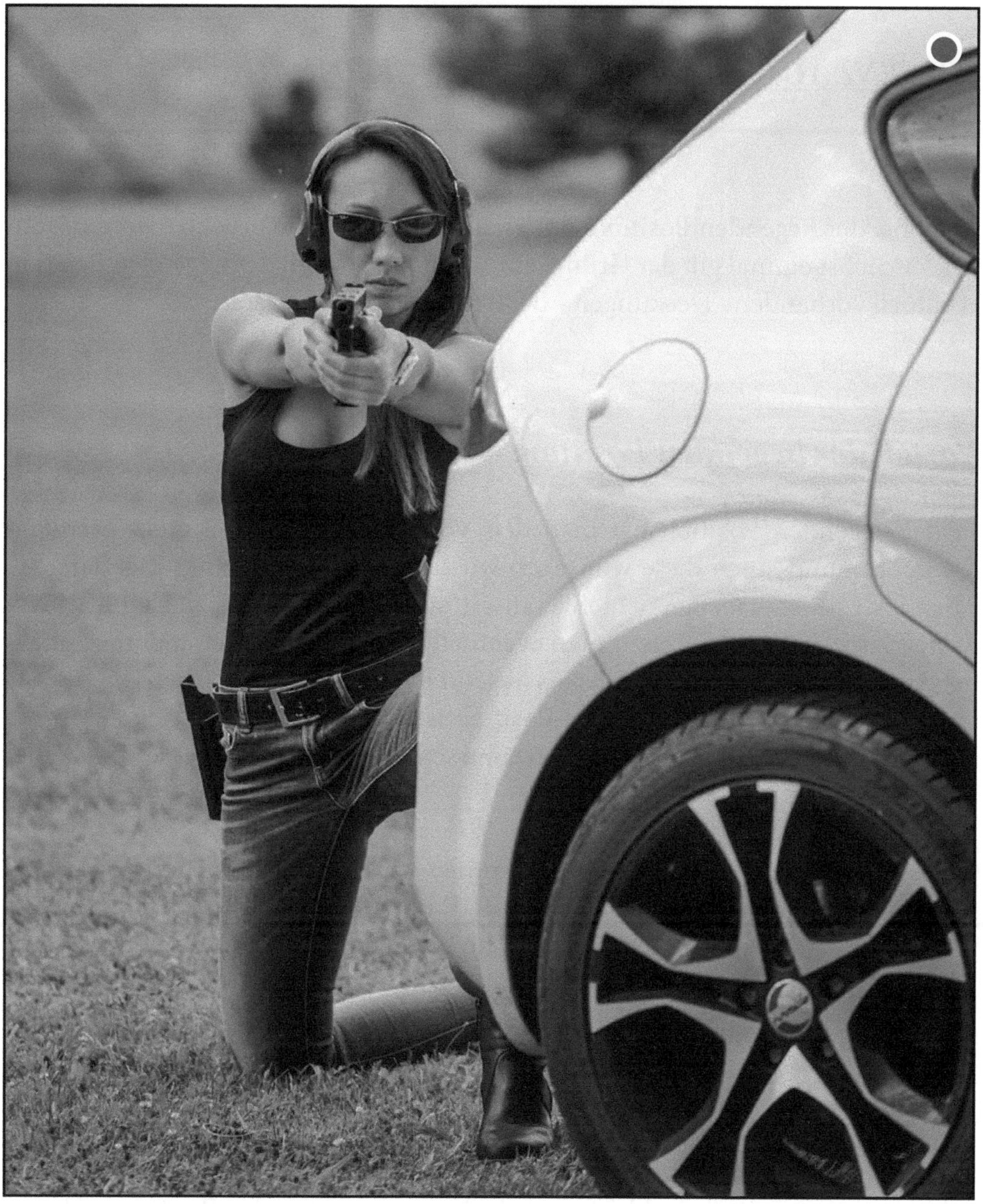

Hier kniet die Schützin hinter einem PKW, zeigt jedoch absolut zu viel von ihrem Körper. Je nach Schusswinkel (oder auch Bedrohungslage) ist es jedoch nicht immer möglich, sich sofort an eine Deckung anzupassen!

b.) Die liegende Position:

SEITENLAGE - BAUCHLAGE - RÜCKENLAGE

Auch bei der liegenden Position gibt es einige Punkte, die beachtet werden sollten. Zunächst einmal gilt der Grundsatz, dass man auch in der liegenden Position eventuell vorhandene Deckungen - bei Bedarf - ausnützen soll.

Vorteil der liegenden Position:

In der liegenden Position hat man den Vorteil, dass man bei einer eventuellen Bedrohung - auch diese wünschen wir uns nicht - ein kleines Ziel darstellt. Aber auch bei sportlichen Schießveranstaltungen, bei denen man sich in einem Schießparcours befindet, steht man eventuell vor der einen oder anderen Aufgabe, dass man unter einem Hindernis liegend herausschießen muss.
Ein weiterer Vorteil der liegenden Position ist es, wenn man vor sich zusätzlich eine Waffenauflage (Sandsack, Baumstamm etc.) liegen hat und diese zum Auflegen der Waffe nutzen kann.

Je besser die liegende Position eingenommen wird, desto treffsicherer wird man sein. Wer schon einmal am Bauch liegend, oder seitlich auf der Hüfte liegend geschossen hat, weiß, wie schwierig solche Übungen sein können!

Nachteil der liegenden Position:

Der Nachteil der liegenden Position liegt darin, dass ein Standortwechsel des Schützen nicht so einfach ablaufen wird wie aus der stehenden Position und man dadurch in seiner Bewegungsfreiheit etwas mehr eingeschränkt ist. Außerdem ist der Positionswechsel mit mehr körperlichem Einsatz verbunden und man ermüdet bei häufigem Wechsel dadurch schneller.

Bild 74) Liegend in Seitenlage.

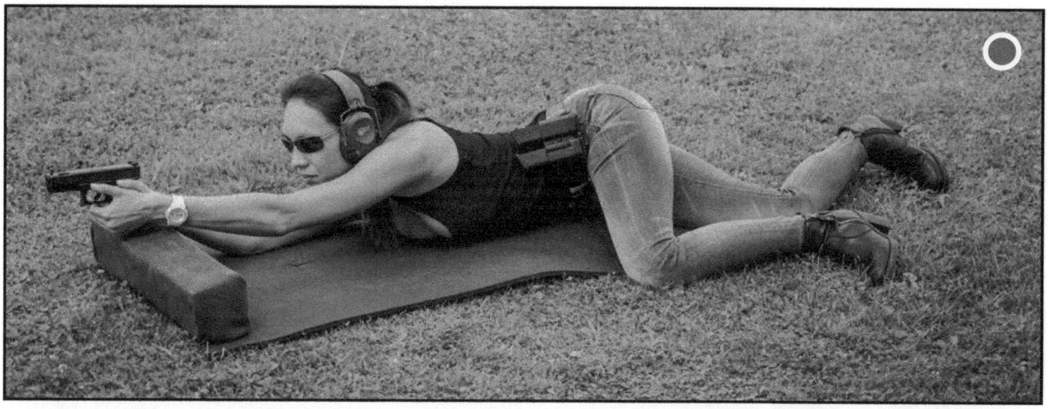

Auf diesem Foto ist zu erkennen, dass die Schützin die vor ihr liegende Waffenauflage ausnützt. Es wäre unvorteilhaft, in einer derartigen Position eine solche Waffenauflage nicht zu verwenden.

Das linke Knie ist gebeugt, was dazu führt, dass sich der Oberkörper ganz leicht nach rechts verdreht. Das heißt, dass man gar nicht frontal am Bauch liegt, sondern etwas auf die rechte Seite gekippt ist. In dieser stabilen Position kann man die Waffe sehr effektiv einsetzen!

Bild 75) Liegend gestreckt in Bauchlage.

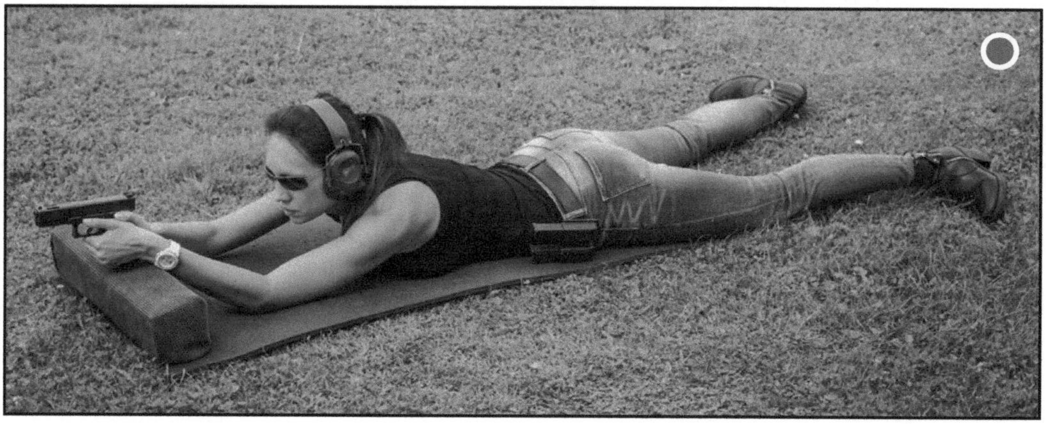

Hier liegt die Schützin zur Gänze am Bauch. Die Beine sind gestreckt und die Fersen am Boden. Auch hier wird die Waffenauflage ausgenützt, was wiederum Stabilität bedeutet. Um aus dieser Position in die Seitenlagelage zu kommen reicht es, einfach das betreffende Knie abzuwinkeln!

Bild 76) Auf der Hüfte liegend.

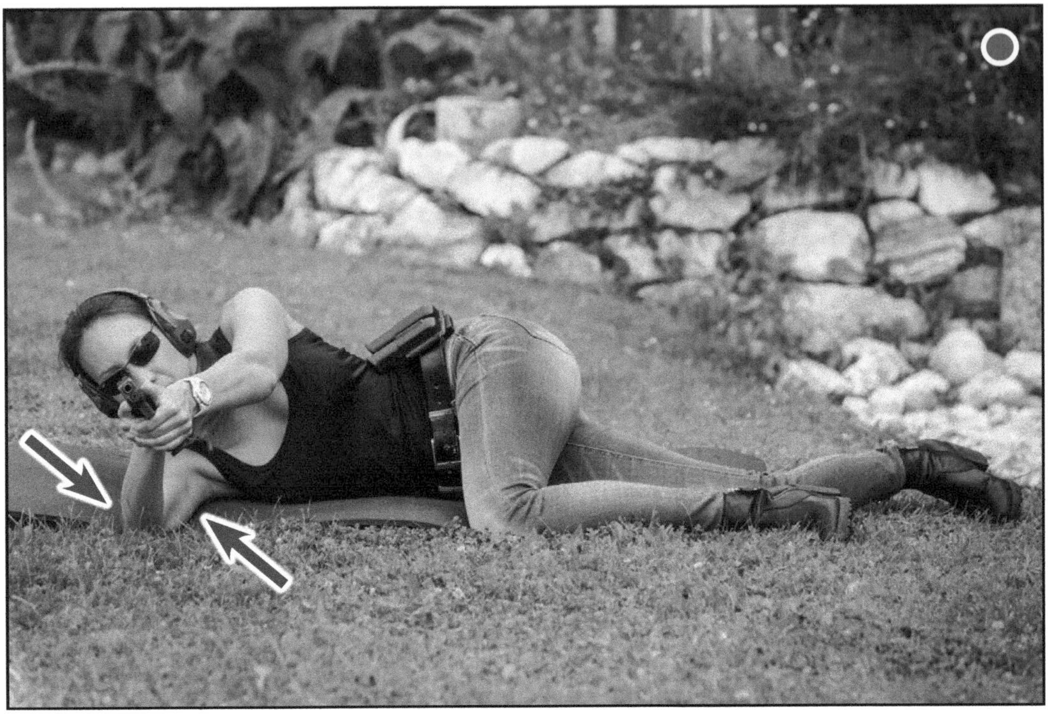

Hier liegt die Schützin seitlich auf der Hüfte. Das linke Bein ist angezogen, das rechte Bein nahezu gestreckt. Sie schießt hier nicht wie auf *Bild 74 u. 75* ersichtlich in Körperlängsachse, sondern im rechten Winkel zu ihrem Oberkörper. Diese Position erinnert an die *stabile Seitenlage* und ist sehr von Vorteil, wenn wir aus einer sehr niederen Deckung herausschießen müssen oder wollen.

Der Ellbogen und der Oberarm ihrer Schusshand sind zur Gänze am Boden aufgelegt (Pfeile). Das bietet wiederum weitere Stabilität!

Eine weitere Möglichkeit wäre, dass die Schützin ihren linken Fuß in ihre rechte Kniekehle einrasten lässt. Aber auch das ist wiederum Geschmackssache!

Bild 77) Am Rücken liegend.

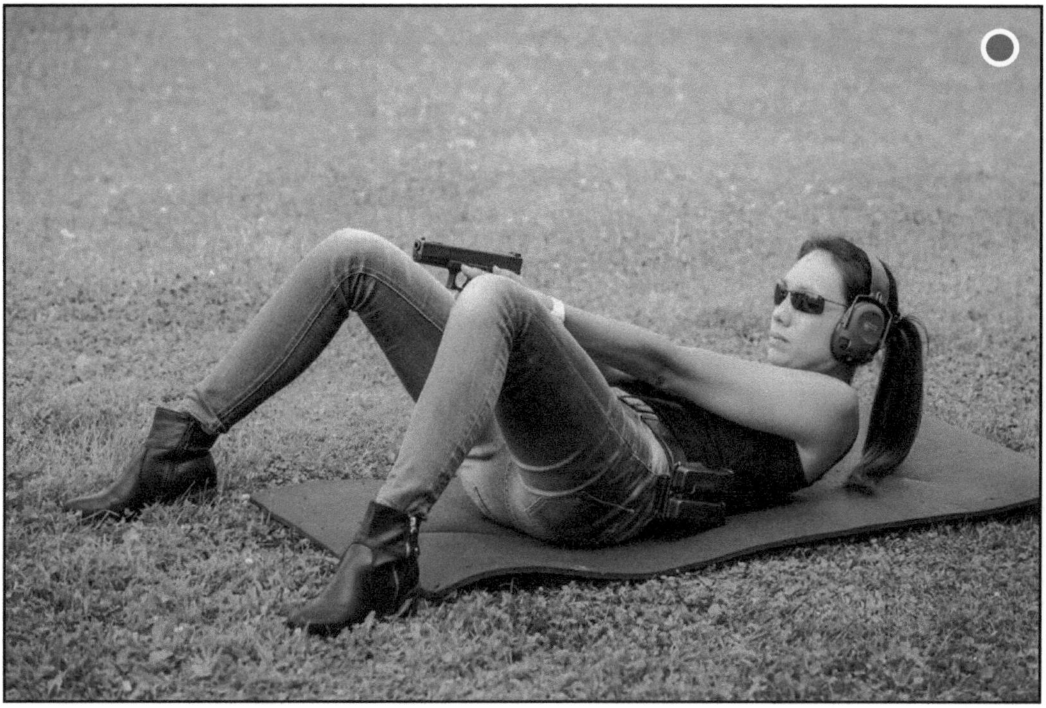

Hier liegt die Schützin am Rücken, die Beine sind etwa im rechten Winkel angezogen. Die Waffe wird beidhändig zwischen den Oberschenkeln bzw. Knien in Richtung Ziel in Anschlag gebracht, beide Arme sind voll durchgestreckt.

Diese Anschlagsart ist sehr effektiv, wenn man - situationsbedingt – eventuell nach hinten zu Sturz gekommen ist. In einer Notwehrsituation kann man mit dieser Methode aber auch sein Gegenüber überraschen, indem man die Waffe erst dann zieht, während man sich nach hinten fallen lässt!
Für die korrekte Durchführung dieser Methode ist jedoch sehr viel Übung erforderlich und für Anfänger eher weniger geeignet!

Hier werden die Nacken- und Bauchmuskeln, sowie der Schultergürtel sehr stark beansprucht, auch wenn man dies am Foto nicht erkennen kann!

Selber ausprobieren, dann merkt man, wie anstrengend diese Position ist!

Bild 78) Liegend gekrümmt in der „Embryoposition".

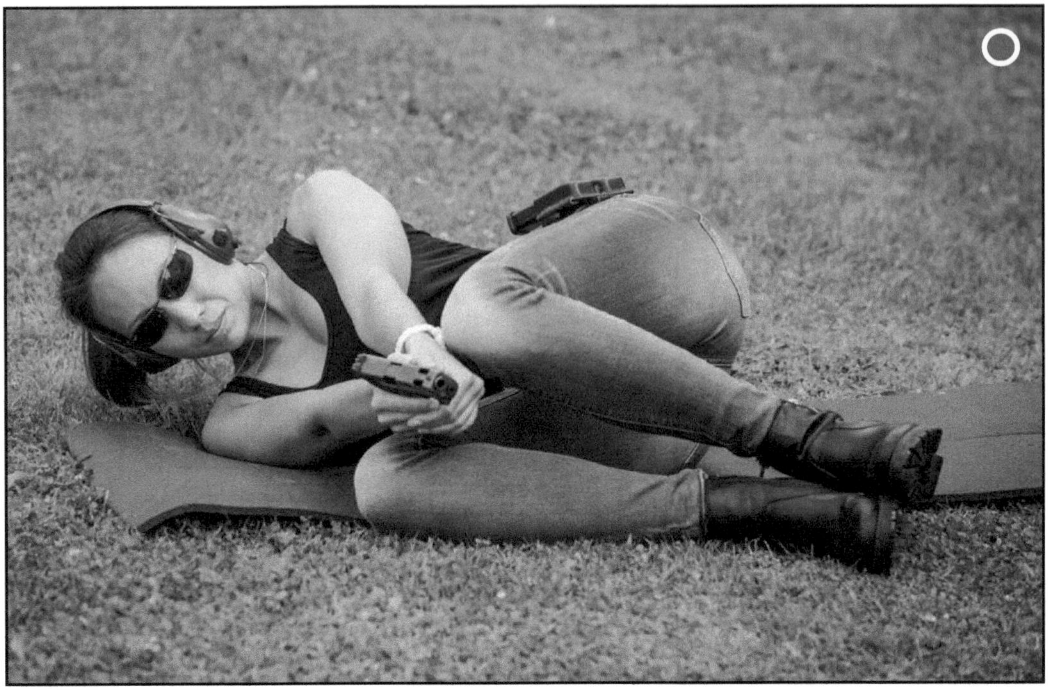

Wenn man gezwungen ist aus einer solchen Position zu schießen, bringt diese uns ein hohes Maß an Stabilität und Kompaktheit. Sie eignet sich vor allem dann, wenn man lediglich eine kleine ballistische Deckung zur Verfügung hat. Eine solche kann sehr vielfältig sein und sollte im Ernstfall auch genützt werden!

Allerdings ist es nicht ganz so einfach aus einer solchen Position gute Treffer zu erzielen, da wir uns in einer sehr hohen Körperspannung befinden!

Siehe dazu Kapitel ***IV!***

Auch hier werden der Schultergürtel und die Nackenmuskulatur sehr belastet!

Selber im scharfen Schuss ausprobieren!

Tipp

Wenn man aus der *„Rückenlage"* schießen muss oder will, so ist es aus dieser Position natürlich sehr leicht, in die *„Seitenlage"* zu kommen. Dazu ist es lediglich erforderlich, sich eben auf die jeweilige Seite abkippen zu lassen!

Auch hier gilt wieder: Üben!

Bild 79) Am Rücken liegend.

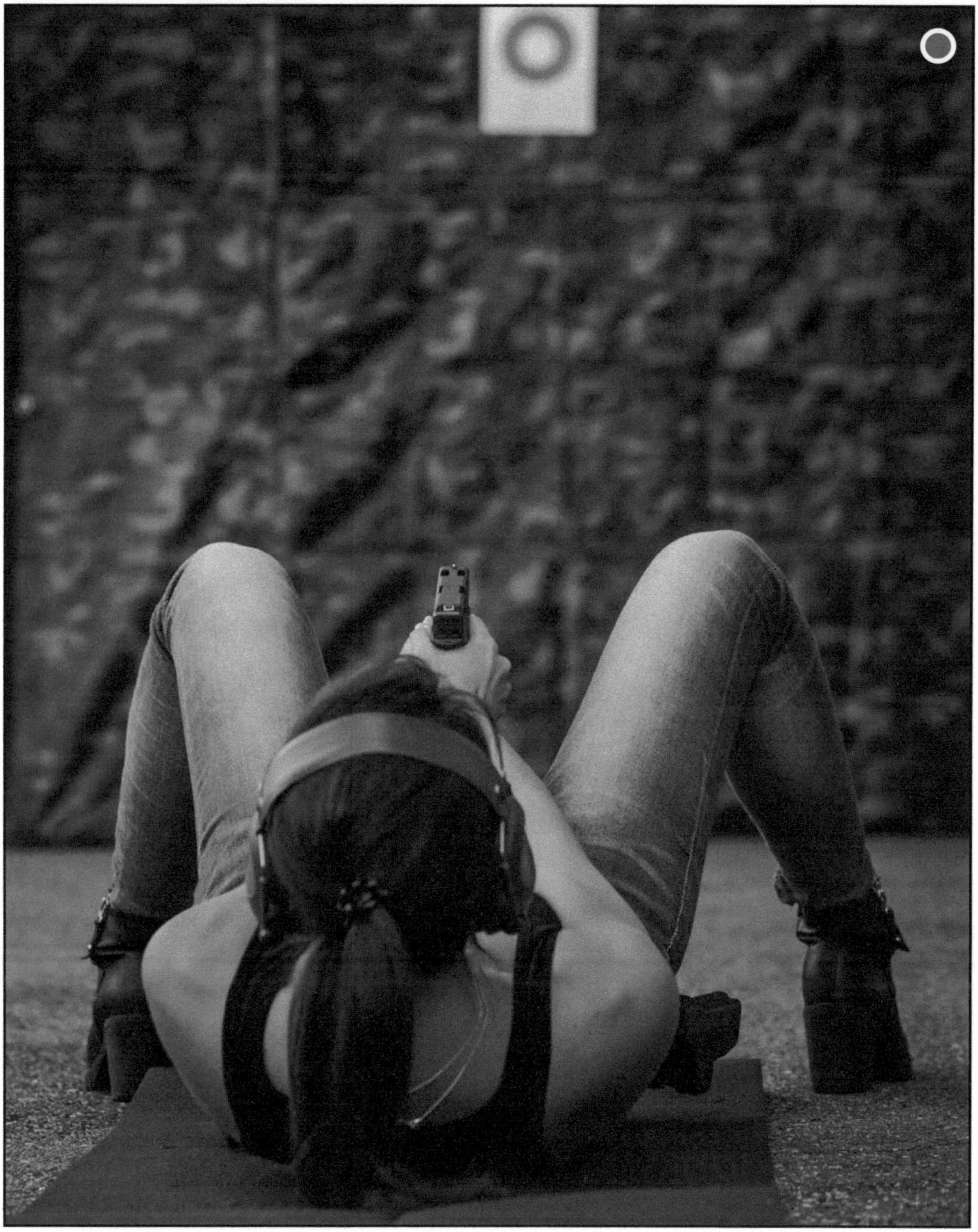

Am Rücken liegend aus Sicht der Schützin in Zielrichtung gesehen.
Wer einmal versucht in dieser Position Schüsse abzugeben, der wird sofort merken, was Körperspannung wirklich ist! Viel Spaß dabei!

Bild 80) Schießen aus einer Deckung.

Vorteilhaft.

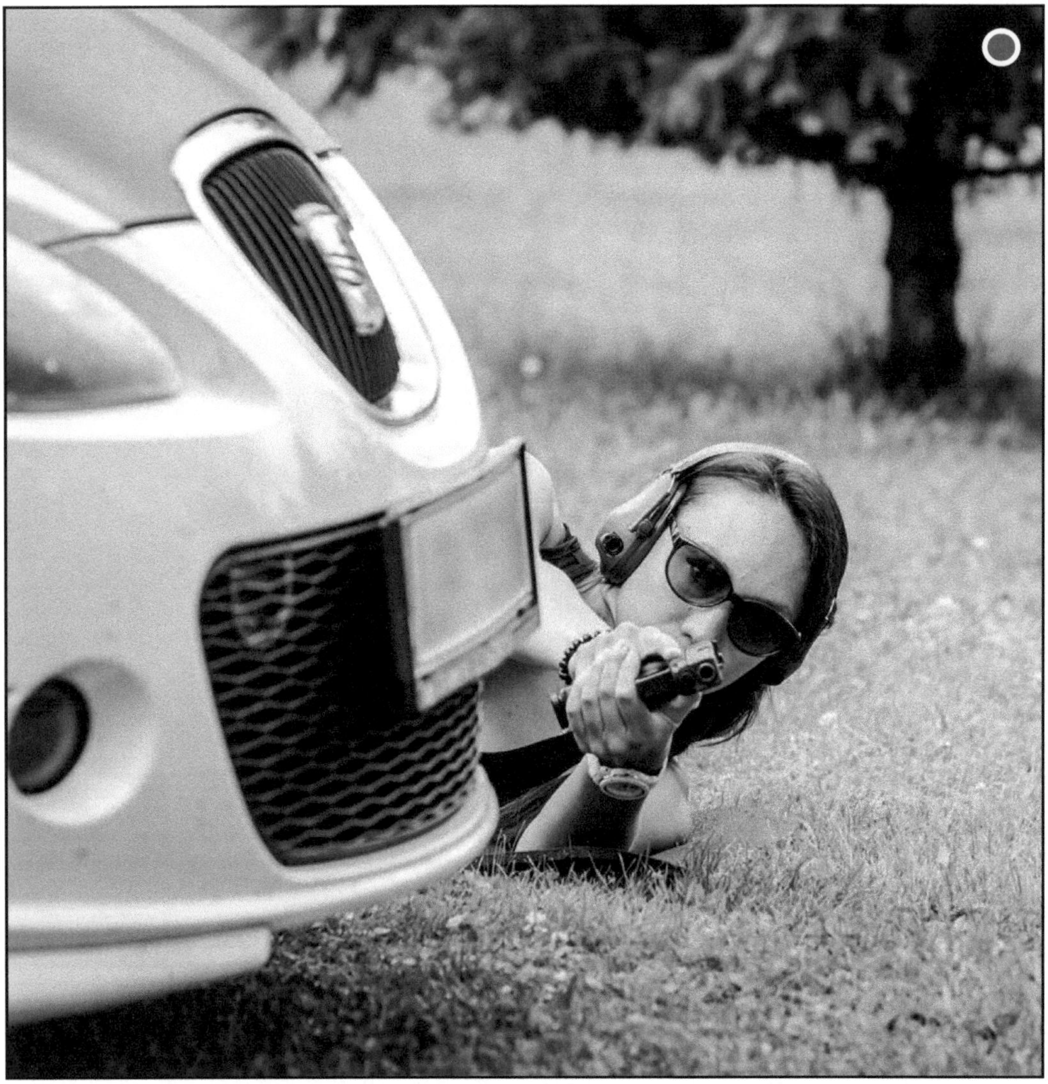

In dieser Position ist man vom Fahrzeug relativ gut abgedeckt. Die Schützin zeigt in dieser Lage sehr wenig von ihrem Körper, was nur von Vorteil sein kann. Je weniger man von sich zeigt, desto besser in einer Notwehrsituation!

Aber Vorsicht: Nicht alles bei einem Fahrzeug ist ein *„ballistischer Schutz“*!

Hier auf dem Bild ist nur zum Teil ein *„ballistischer Schutz“* gegeben, zum Teil nur ein *„Sichtschutz“*!

Bild 81) Schießen aus der Deckung.

Unvorteilhaft.

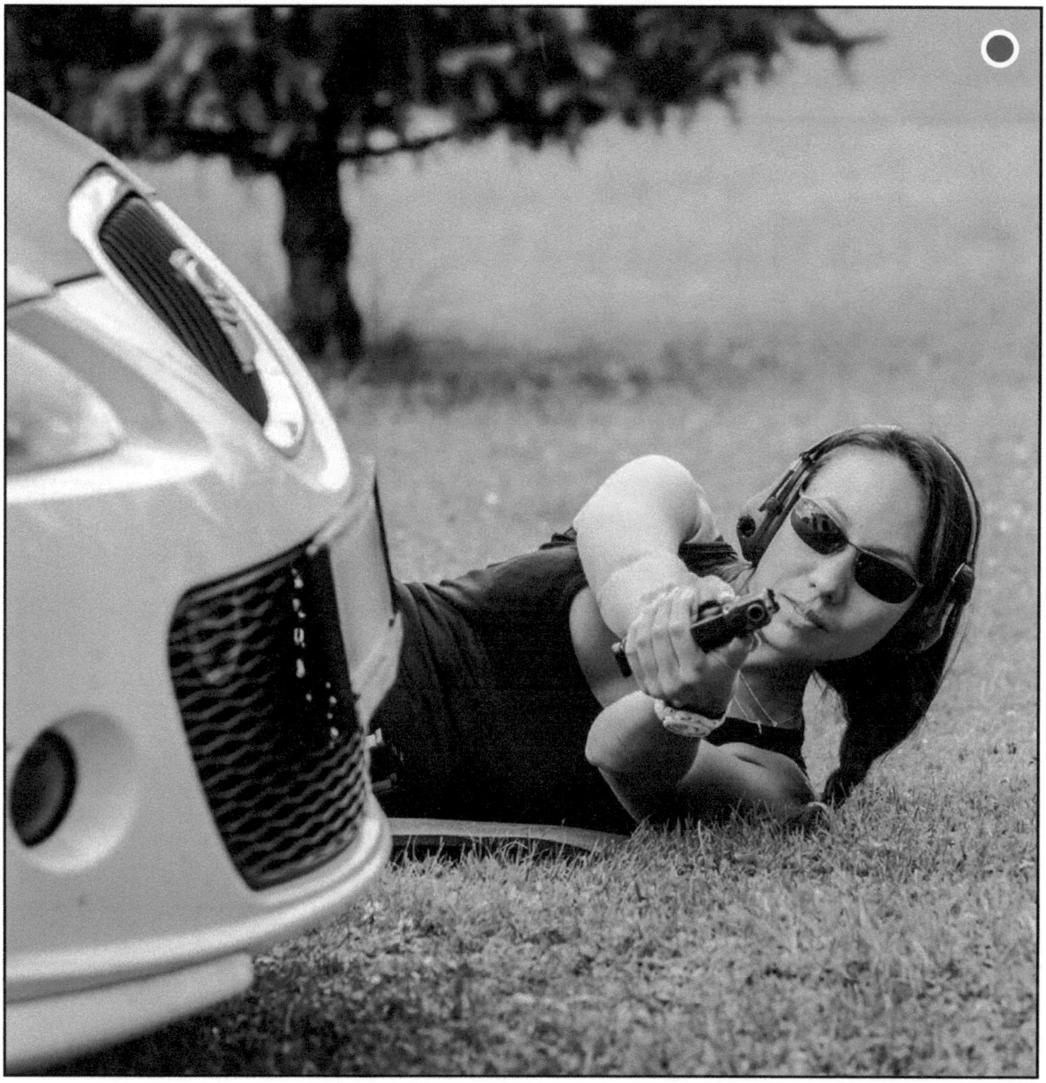

Hier wird die Deckung von der Schützin keinesfalls gut ausgenützt. Es ist vom Oberkörper eindeutig zu viel erkennbar!

In dieser Lage gibt es weder einen brauchbaren *„ballistischen Schutz“*, noch einen *„Sichtschutz“*!

Bild 82) Einhändiges Schießen.

Lediglich Informativ!

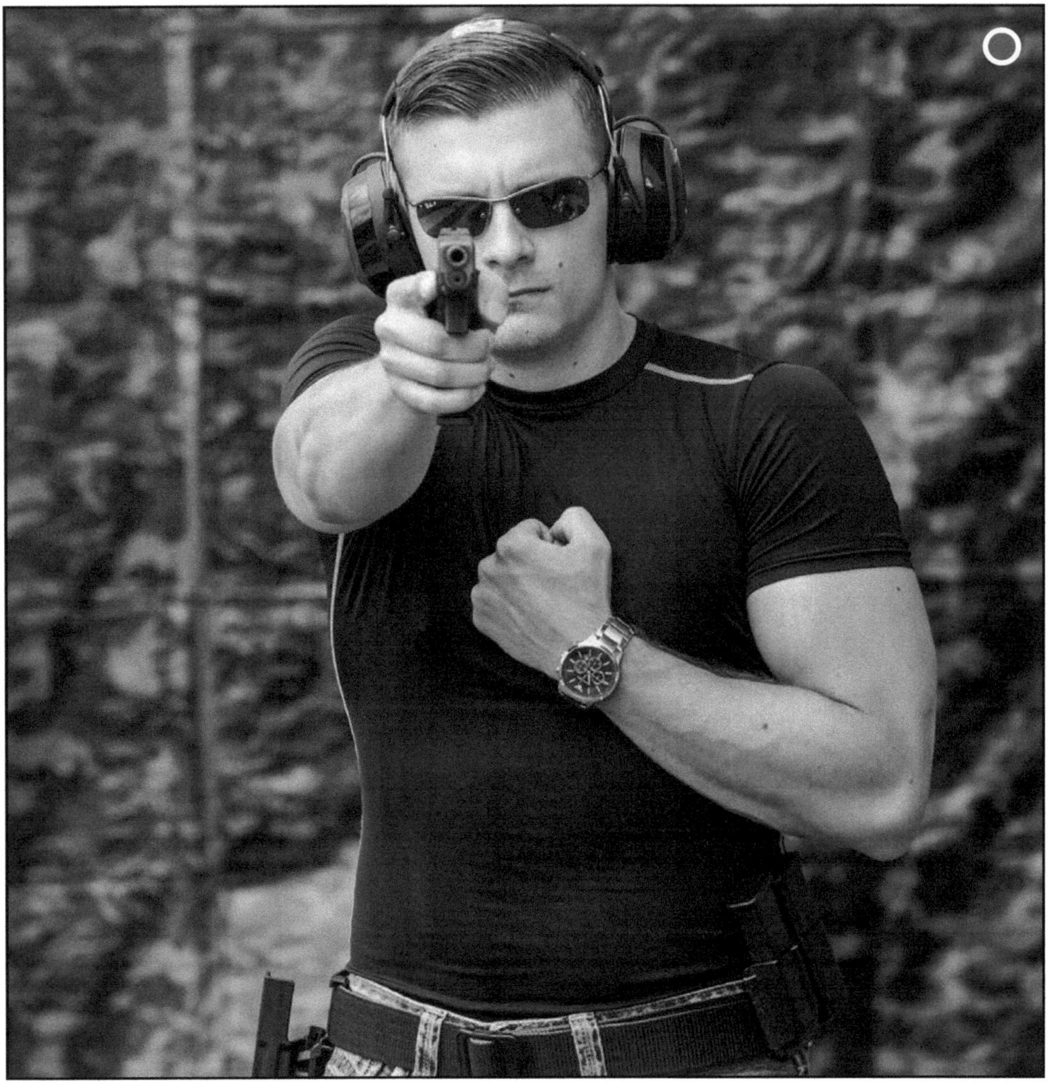

Hier schießt der Schütze einhändig, das heißt, dass seine Nichtschusshand (NSH) die Schusshand nicht unterstützt, sondern am Körper angelegt wird. Ob man die NSH am Brustkorb oder am Gürtel anlegt, wird bei jedem Schützen individuell sein. Auch die Beinstellung (Schritt- oder Parallelstellung) hängt vom Schützen ab!

Dabei möchte ich erwähnen, dass das einhändige Schießen in oben gezeigter Form grundsätzlich weniger Anwendung findet.

Schießen aus der Oberkörper - Rückwärtsdrehung

Das Schießen aus der Oberkörper – Rückwärtsdrehung sollte man erst dann versuchen, wenn man mit der Waffe schon sehr gut vertraut ist. Es mag bei den nachfolgenden Abbildungen leicht aussehen, jedoch ist für die Durchführung bzw. für das Training einer derartigen Übung schon sehr viel an Praxis und Erfahrung erforderlich!

Grundsätzliches:

Zunächst wirft sich die Frage auf, wann man aus der Oberkörper – Rückwärtsdrehung schießt. Dazu 2 Möglichkeiten:

1. In einer Notwehrsituation
2. Aus sportlichen Gründen

Eine Notwehrsituation wünschen wir uns ohnehin nicht und trifft eher auf Berufswaffenträger zu, als auf Privatpersonen. Damit meine ich, dass ja auch nur sehr wenige Privatpersonen zum Führen einer Faustfeuerwaffe berechtigt sind (siehe Waffengesetz).

Aus sportlichen Gründen kann man eine solche Übung auch mit anderen Schützen *„um die Wette“* schießen, wenn man mit mehreren Personen einen kleinen Wettkampf veranstaltet! Natürlich müssen die Zeitvorgaben, die Distanzen und die Schussanzahl vorgegeben werden. Das kann richtig Spaß machen - was es auch darf und soll - und gleichzeitig trainiert man sehr intensiv!

Dass gerade bei einer solchen Übung die Sicherheitsbestimmungen **peinlichst genau** eingehalten werden müssen, versteht sich von selbst!

Zum Ablauf der Übung:

Zunächst einmal steht man mit dem Rücken zum Ziel. Hier beginnt bereits die eigentliche Übung, welche aber auch Gefahren in sich birgt.

Steht man in der Schrittstellung, hat man schon einen gewissen Vorteil, denn man verdreht in dieser Position den Oberkörper leichter nach hinten, als in der Parallelstellung. Leuchtet ein.

Zur Beachtung!

Wenn man die Waffe zieht und aus Unachtsamkeit eine *„sichelförmige Seitwärtsbewegung“* mit dieser durchführt (Bild 83), so bewegen wir uns außerhalb der Sicherheitsnormen! Wenn man dabei aus mangelnder Konzentration auch noch den Schießfinger am Abzug hat (!!), und man dann – logisch – einen schnellen Treffer landen will, wird die Sache nicht nur bedenklich, sondern vor allem gefährlich!

Da kann es in der Hektik dann schon passieren, dass man bereits den Abzug betätigt und der Schuss bricht, wenn wir mit der Visierlinie das Ziel noch gar nicht aufgenommen haben!

Das Ziehen der Waffe und diese dann in den richtigen Anschlag nach hinten zu bringen bedeutet, dass die Waffe beim Ziehen sehr knapp am Körper geführt werden muss und die Waffe während der Bewegung nach hinten nur in Richtung Boden zeigen darf! Siehe Bilderserie unten!

Wenn wir unseren Oberkörper dann wie in den folgenden Abbildungen beschrieben nach hinten verdreht haben, kann geschossen werden. Als Ziel können verschiedenste Motive verwendet werden. Ich bevorzuge diese Übung, indem ich lediglich auf ein weißes *DIN-A5 Blatt* (halbes *DIN-A4* Blatt) schieße! Mehr brauche ich dazu nicht! Das Ziel ist groß/klein genug, um sich mit anderen Schützen zu messen!

Weiters bleibt es dem Schützen überlassen, ob er nach dem ersten Schuss kniend, oder vielleicht auch liegend weiterschießt! Auch hier kann man sich wahrhaftig in alle Richtungen austoben und seiner Phantasie beim Übungsablauf völlig freien Lauf lassen!

Einfach einmal ausprobieren und sehen, wie dynamisch und fordernd diese Übung ist! Die unten beschriebenen *Schießprogramme Nr. 5 und Nr. 6* wären dazu sehr gute Anhaltspunkte!

Viel Spaß wünsche ich auch hier!

ACHTUNG

Gerade bei dieser Übung ist es absolut wichtig, sehr intensives Trockentraining durchzuführen, bevor man hier gleich den scharfen Schuss versucht!

Bild 83) Sichelförmige Seitwärtsbewegung.

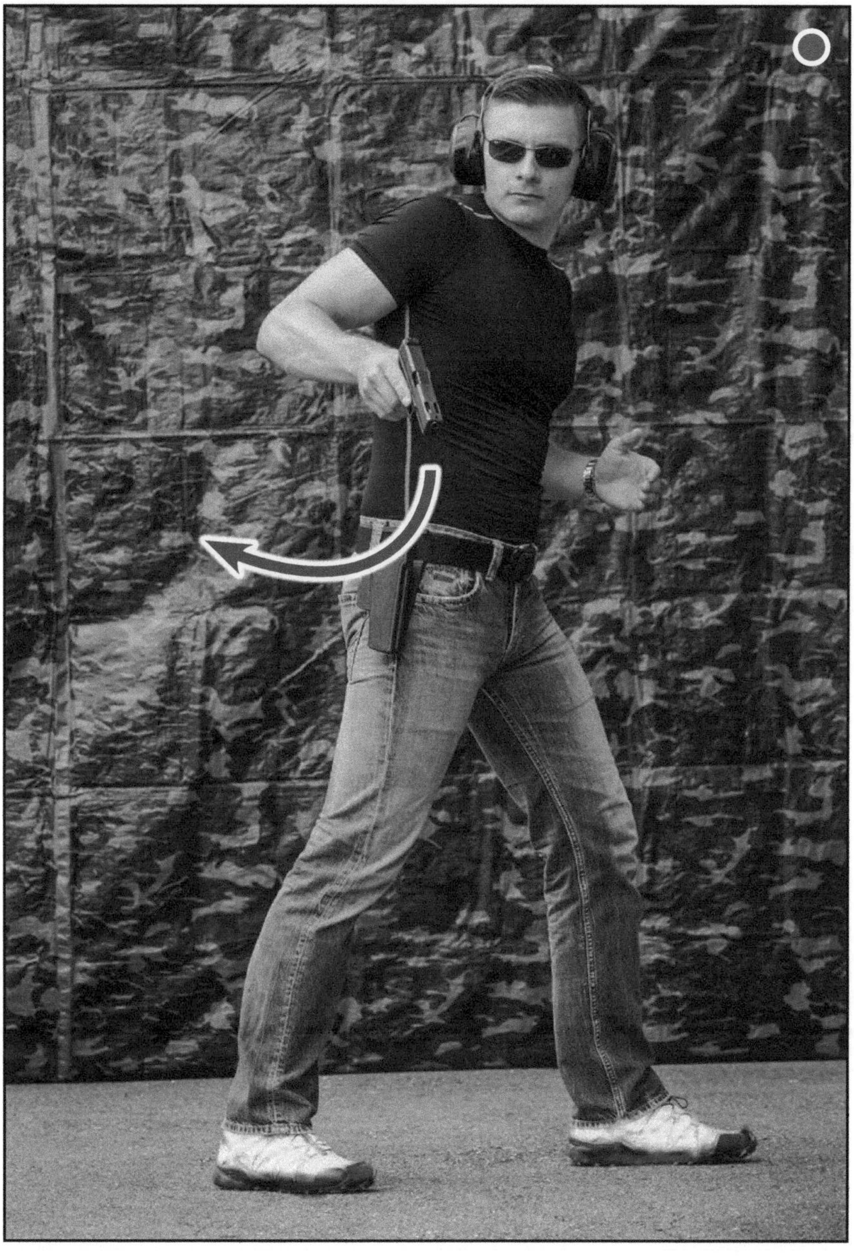

Auf dieser Abbildung ist deutlich erkennbar, dass der Schütze die Waffe nicht nach unten weg hinter seinen Körper bringt, sondern, dass er zunächst einen Seitwärtsschwenk durchführt. Die Waffe zeigt aus seiner Sicht rechts von seinem Körper weg. Dies kann bei vorzeitigem Abziehen – wie vorhin beschrieben – fatale Folgen haben!

Bild 84) Schießen aus der Oberkörper - Rückwärtsdrehung.

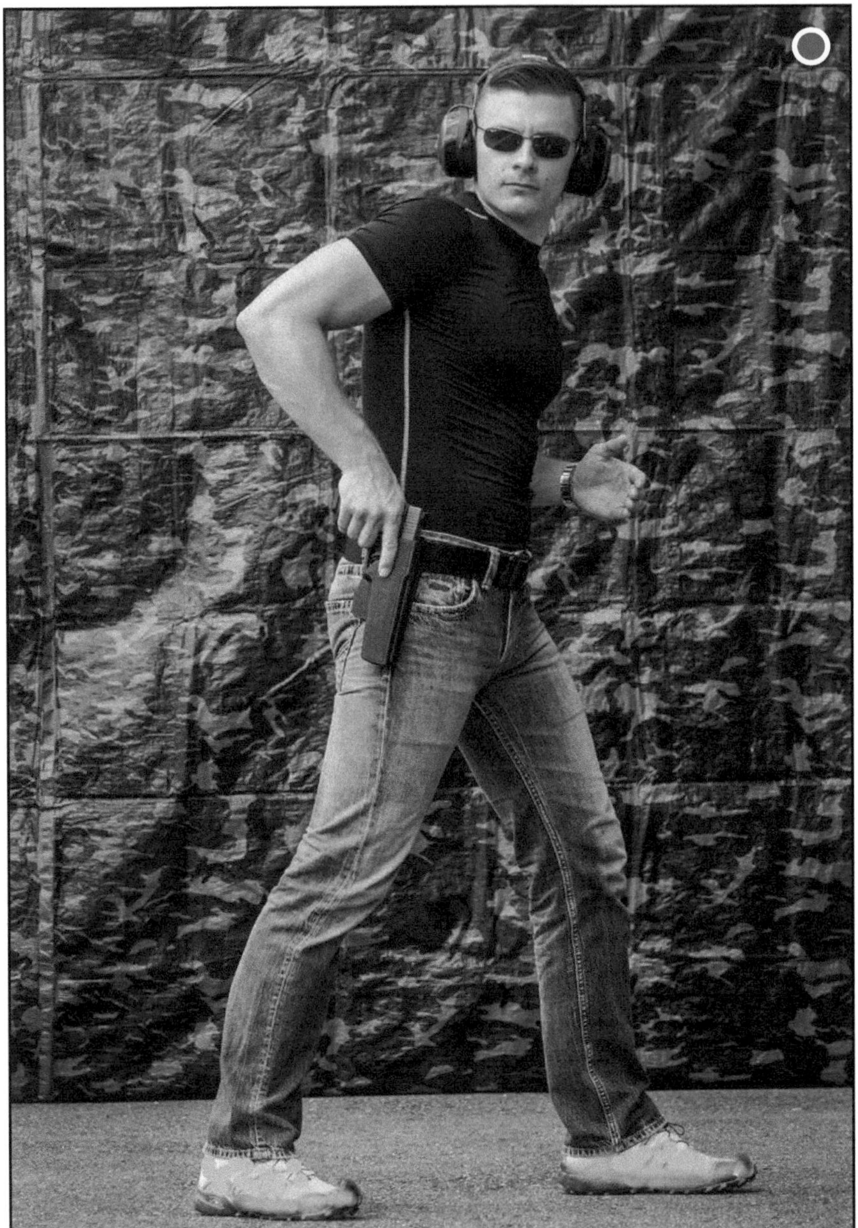

Sollte eine plötzliche Bedrohung von hinten auftreten und keine Zeit mehr bleiben sich umzudrehen, kann man auch ohne seinen Stand zu verändern, nach hinten schießen. Die Schusshand ergreift bei gleichzeitiger Kopfdrehung die Waffe und wird aus dem Holster gezogen. Die Nichtschusshand berührt den Körper aus Gründen des Gleichgewichtes vorerst nicht!

Bild 85) Schießen aus der Oberkörper – Rückwärtsdrehung.

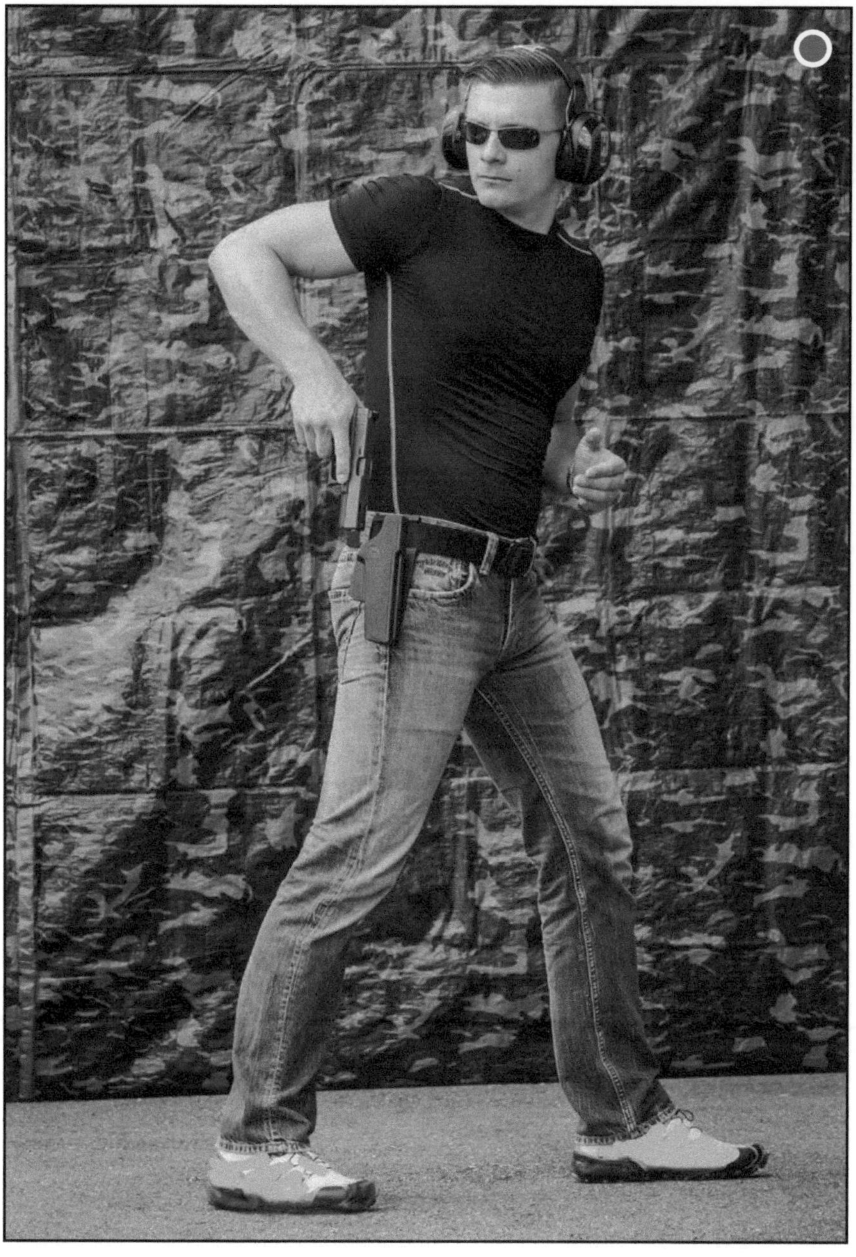

Die Waffe wird nahe am Körper nach oben geführt, wobei sich der Blick des Schützen bereits nach hinten richtet, um das Ziel visuell aufzunehmen.
Eine Schwenkbewegung mit der Waffe nach außen sollte tunlichst vermieden werden (siehe Bild 83)!

Bild 86) Schießen aus der Oberkörper – Rückwärtsdrehung.

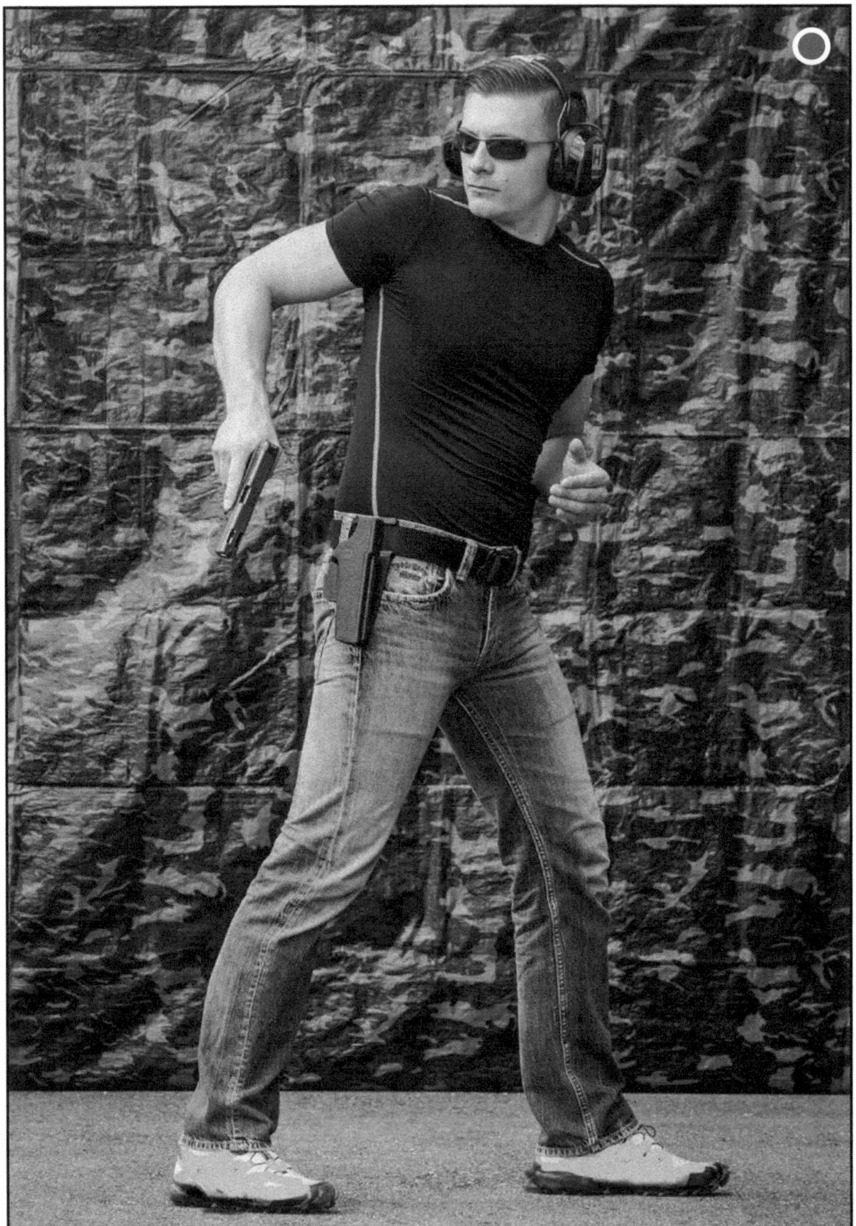

Die Waffe wird auf dem kürzesten Weg in Richtung Ziel geführt. Der Abzugsfinger ist – selbstverständlich - noch immer gestreckt! Die Nichtschusshand befindet sich noch vor dem Körper, man lässt sie nicht motivationslos nach unten hängen!

Bild 87) Schießen aus der Oberkörper – Rückwärtsdrehung.

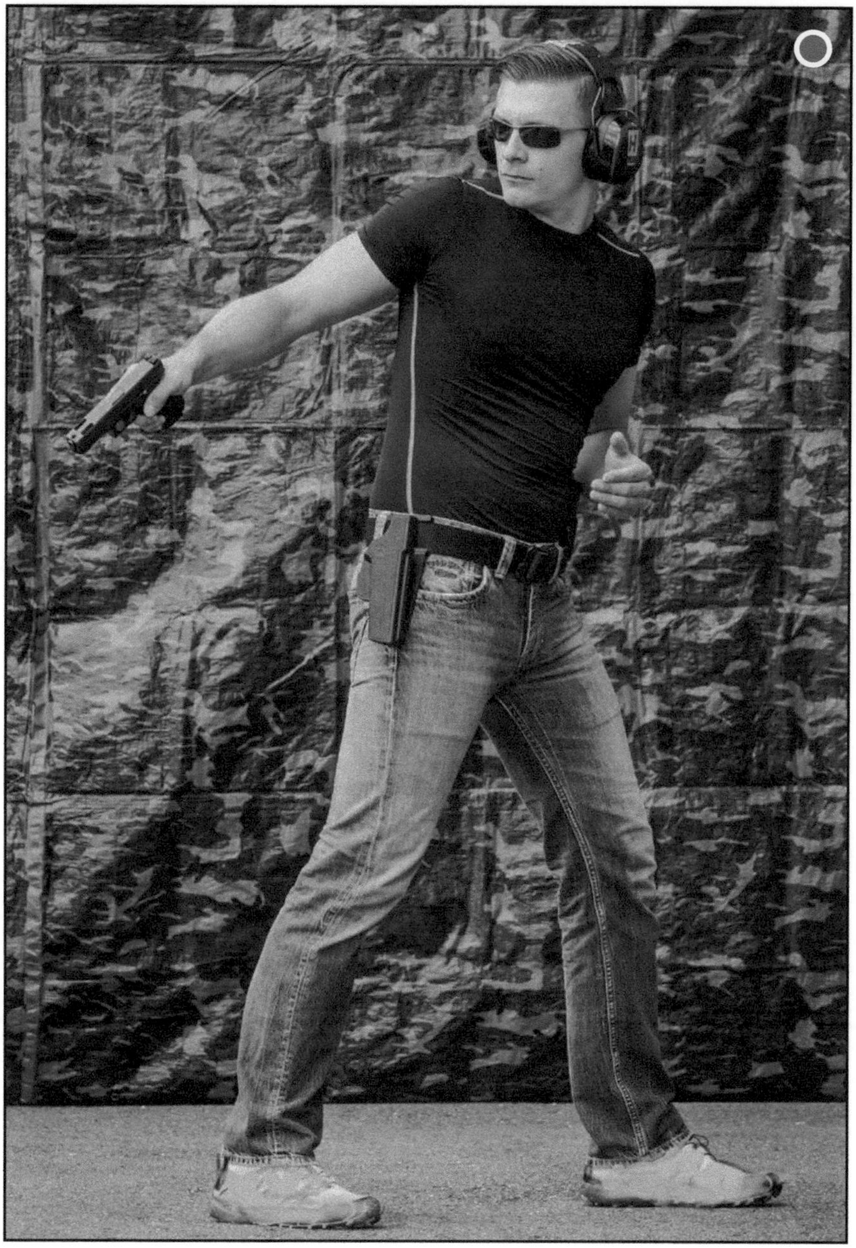

Die Waffe wird nach oben gedreht und weiter in Richtung Ziel geführt. Der Blick des Schützen ist nach wie vor auf das Ziel gerichtet! Man kann die Waffe aber auch stoßartig in Richtung Ziel führen.

Bild 88) Schießen aus der Oberkörper – Rückwärtsdrehung.

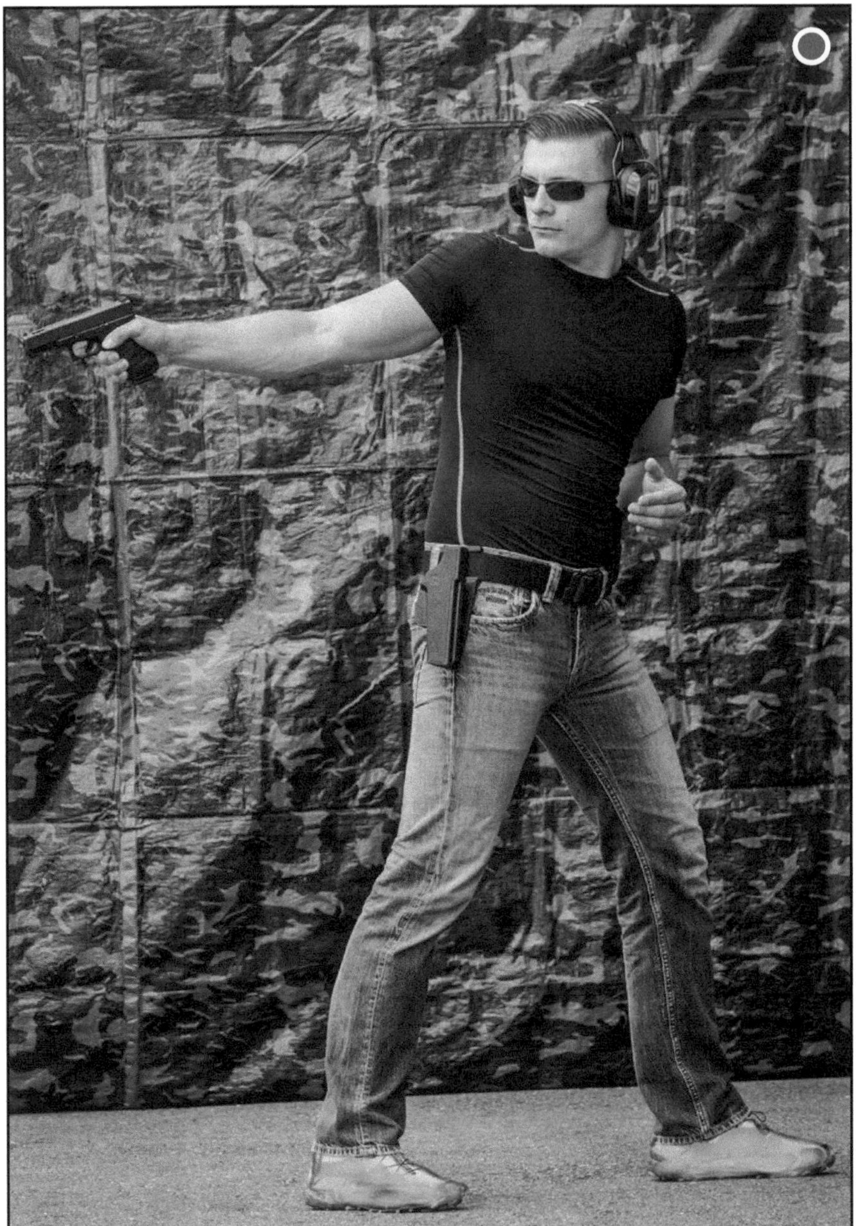

Der Arm wird weiterhin in Richtung Ziel gestreckt, die Beine bleiben in Schrittstellung! Würde man jetzt die Position der Beine verändern, wäre es mit der Stabilität vorbei und wir würden auch Zeit verlieren!

Bild 89) Schießen aus der Oberkörper – Rückwärtsdrehung.

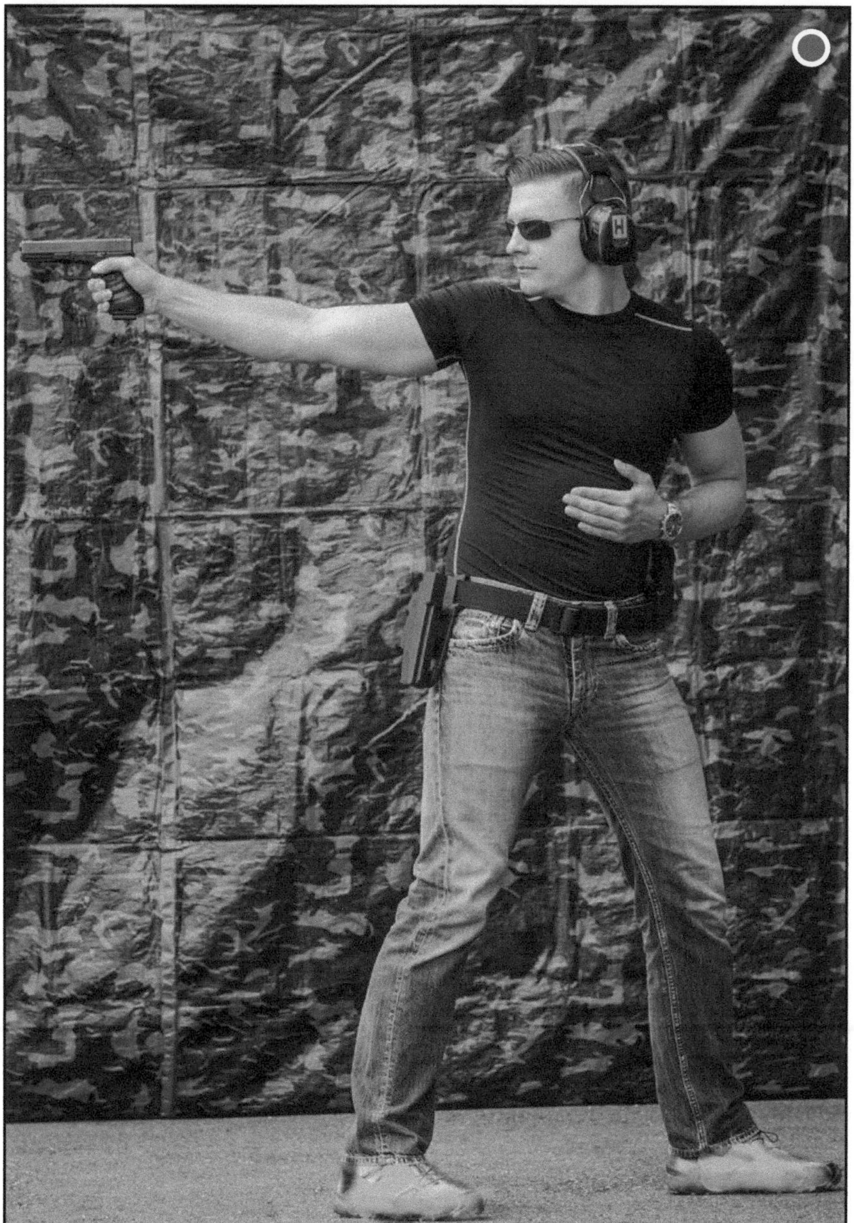

Jetzt wurde das Ziel erfasst und es könnte geschossen werden! Jetzt wird die Nichtschusshand am Körper angelegt, um wieder kompakt zu sein!

Man beachte, dass sich die Beinstellung bzw. die Füße bis in diese Position nicht verändert haben!

Bild 90) Schießen aus der Oberkörper – Rückwärtsdrehung.

(Eventuell abknien nach der Drehung)!

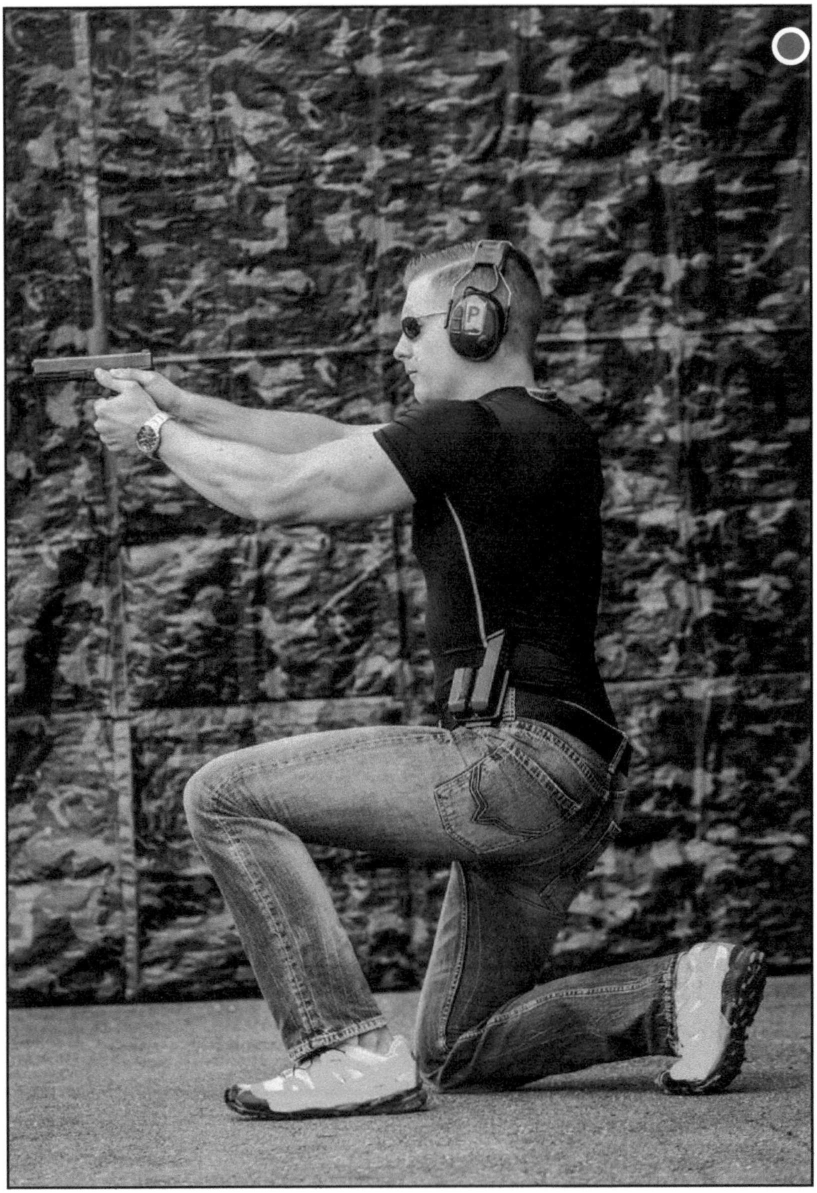

Wenn nicht gleich geschossen werden soll oder muss, hat man noch immer die Möglichkeit, den Körper vollständig in Zielrichtung nachzudrehen. Ob man dann in der stehenden Position bleibt, oder sich einfach hoch abkniet wie im Bild ersichtlich, bleibt natürlich dem Schützen überlassen und wird auch von der jeweiligen Situation abhängig sein!

KAPITEL XV:

Schießprogramme

Wir haben jetzt doch einige Dinge in Bezug auf die Grundlagen des Pistolenschießens gesehen und gelesen. Das ist auch gut so, denn man will ja etwas von der Materie mitbekommen. Doch mit Lesen alleine ist es nicht getan, wir sehen uns jetzt einige Schießübungen an, die ich nach jahrelanger Erfahrung selber erstellt habe. Und wem sie gefallen, der kann danach trainieren!

Meine Überlegungen zu diesen Schießprogrammen waren, dass ich auf der einen Seite sehr wohl die Präzision in die Programme einfließen habe lassen, auf der anderen Seite sollte aber auch zum Teil schnell geschossen werden können. Ich bezeichne diese Übungen als sogenannte *„Speedübungen“*!

Hier steht es jedem(r) Schütz(in)en völlig frei, wie er die folgenden Programme umsetzt. Das heißt, dass jede beschriebene Übung nicht unbedingt genauso geschossen werden muss wie sie von mir beschrieben worden ist, sondern es besteht immer die Möglichkeit, dass die eine oder andere Übung von den Distanzen, der Schussanzahl und den Zeitvorgaben her, abgeändert werden kann. Und genau dieser Umstand ist es, dass man individuell üben kann, und dass man dabei seine bereits eintrainierten Fähigkeiten bei der Durchführung der Übung berücksichtigen kann und auch soll!

Es gibt verschiedene Positionen (Pos. 1… usw.).

Pos. 1: - beschreibt die Körperhaltung.
Pos. 2: - beschreibt wie viele Schüsse man schießen soll.
Pos. 3: - beschreibt auf wie viele Ziele man schießen soll.
Pos. 4: - beschreibt in welcher Zeit man schießen soll.
Pos. 5: - beschreibt wie viele Durchgänge (DG) man macht und wie viele Patronen (Patr.) man benötigt.

Abweichungen sind in Bezug auf die Position möglich.
Natürlich kann jedes Ziel auch mit *einer Doublette* beschossen werden!
Die Übungen werden (ausgenommen Übung Nr. 6) stets in der Grundhaltung begonnen!

Die beschriebenen Übungen sind auf eine Waffe mit einer Magazinkapazität von mindestens 16 Patronen ausgerichtet!

Übung 1:

(wird auf 1 Ziel geschossen)

Vorbereitung: Waffe geladen und geholstert.
Distanz: 5 Meter (je nach Ausbildungsstand variabel)
Ziel: DIN-A4-Blatt
(kann auch auf ein DIN-A5 Blatt halbiert werden)
Zeitvorgabe: Auch die Zeitvorgabe ist variabel. Siehe unten.

1. Durchgang: (statisch)

Pos. 1	Pos. 2	Pos. 3	Pos. 4	Pos. 5
Stehend. Waffe geholstert. Arme hängen am Körper frei herunter.	Auf Signal: beidhändig **1 Schuss**	auf 1 Ziel	in 3 Sek.	8 DG (8 Patr.)

2. Durchgang: (statisch)

Pos. 1	Pos. 2	Pos. 3	Pos. 4	Pos. 5
Stehend. Waffe geholstert. Arme hängen am Körper frei herunter.	Auf Signal: beidhändig **2 Schüsse** (Doublette)	auf 1 Ziel	in 3 Sek.	4 DG (8 Patr.)

Wie ist diese Übung zu verstehen?

Um eine solche Übung zu schießen, benötigt man einen „speedtimer". Das ist nichts anderes als ein Signalgeber, der den Start der Übung durch einen lauten Signalton ankündigt. Danach heißt es rasch handeln, um in der vorgeschriebenen Zeit zu bleiben, nach Ablauf der vorher eingestellten Zeit ertönt ein zweiter Signalton. Großartig!

Zu Übung 1:

Diese Übung habe ich immer sehr gerne mit meinen Teilnehmern geschossen. Sie gibt sehr viel an schießtechnischem Können her, auch wenn es anfänglich nicht danach aussieht. Diese Übung beginnt damit, dass alleine schon der Waffengriff *(Kapitel II)* sehr gut sitzen muss. Danach muss ein sauberer und schneller Ziehvorgang folgen, ein richtiges Visierbild aufgebaut werden *(unscharfe Visierung)* und schließlich der Abzug richtig betätigt werden. Natürlich müssen auch noch andere Elemente *(siehe Kapitel VIII)* beachtet werden, um gute Treffer zu erzielen.

Je mehr Komponenten bei der Schussabgabe positiv zusammenwirken, desto besser wird das Trefferergebnis sein *(„Schießtechnischer Faktorenkomplex“)*!

Wir sehen also, dass bei so einer relativ einfachen Übung doch sehr viel an schießtechnischem Verständnis gefordert ist!

Wenn man es schafft, die ***Übung 1*** auf eine Distanz von ***6 Meter*** und in einer Zeit von ***unter 1,5 Sekunden*** auf ein ***DIN-A5 Ziel*** zu schießen, kann man mit sich sehr zufrieden sein, denn dann dürfte man das Schießen - für den Anfang - verstanden haben!

Dabei möchte ich aber anmerken, dass es sich nicht um einmalige Zufallstreffer handeln soll, sondern darum, dass man die Übung konstant und mehrfach hintereinander positiv schießt!

Wie bereits oben erwähnt, ist man bei den Zeitvorgaben, bei den Distanzen und bei den Größen der Ziele natürlich an keine starren Vorgaben gebunden, sondern hier kann man sich in alle Richtungen frei bewegen und seiner eigenen Phantasie freien Lauf lassen!

Derartige Übungen machen jedoch nur dann Sinn, wenn man mit seiner Waffe bereits gut vertraut ist. Für Anfänger sehe ich hier eher noch weniger Handlungsbedarf, da man doch einiges an Training benötigt, um derartige Übungen schießen zu können. Es sei denn, dass man die Zeitvorgabe am Anfang um einiges nach oben verschiebt und erst danach auf *echte* Geschwindigkeit trainiert!

Wie bereits erwähnt, zeigt sich an dieser Stelle, wie intensiv man Trockentraining absolviert hat, bzw. wie sehr man sich diverse, richtige Bewegungsmuster ins Muskelgedächtnis eintrainiert hat!

Je größer die Distanz zum Ziel gewählt wird, *je kleiner das Ziel* und *je kürzer die Zeitvorgabe* gewählt wird, desto schwieriger werden diese Übungen. Hier kann man sich mit voller Motivation in Bezug auf Trefferleistung und Steigerung der Intensität austoben!

Tipp

Wenn wir uns in diese Richtung steigern wollen, so ist es außerordentlich wichtig, richtige Bewegungsmuster hart und ausdauernd zu trainieren. Auch körperliche Fitness ist hier sehr hilfreich und wird dabei helfen, sehr gute Trefferergebnisse zu erzielen!

Übung 2:

(wird auf 2 Ziele geschossen)

Vorbereitung: Waffe geladen und geholstert.
Distanz: 5 Meter (Seitenabstand der Ziele 3 Meter!)
Ziel: DIN-A4 Blatt oder DIN-A5 Blatt
Zeitvorgabe: Auch die Zeitvorgabe ist variabel. Siehe unten.

1. Durchgang: (statisch)

Pos. 1	Pos. 2	Pos. 3	Pos. 4	Pos. 5
Stehend. Waffe geholstert. Arme hängen am Körper frei herunter.	Auf Signal: beidhändig **1 Schuss** auf linkes Ziel	**1 Schuss** auf rechtes Ziel	in 3 Sek.	4 DG (8 Patr.)

2. Durchgang: (statisch)

Pos. 1	Pos. 2	Pos. 3	Pos. 4	Pos. 5
Stehend. Waffe geholstert. Arme hängen am Körper frei herunter.	Auf Signal: beidhändig **2 Schüsse** auf linkes Ziel (Doublette)	**2 Schüsse** auf rechtes Ziel (Doublette)	in 3 Sek.	2 DG (8 Patr.)

Beim 2. Durchgang erkennt man, dass die Zeitvorgabe gleichbleibt, jedoch sich die Anzahl der Schüsse verdoppelt. Dies hat zur Folge, dass man bei einem derartigen Training seine Leistung gut verbessern kann!

Wenn man nun auch mit der Zeit von ***3 Sekunden auf 2,5 Sekunden*** heruntergeht, kann sich bei intensivem Training eine weitere Leistungssteigerung zeigen!

Zu Übung 2:

Auch diese Übung war sehr häufig an meinen Schießtagen in meinem Schießprogramm zu finden. Bei dieser Übung gelten dieselben Ausführungen wie bei Übung 1, jedoch mit dem kleinen aber feinen Unterschied, dass man bereits einen Zielwechsel durchführen muss!

Ein Zielwechsel bewirkt nämlich, dass man vom Ziel Nr. 1 auf Ziel Nr. 2 die Waffe sehr schnell ins neue Ziel führen muss und daraus resultiert, dass man bei Ziel Nr. 2 abermals ein neues Visierbild aufbauen muss. Sowohl der Bewegungsablauf (Zielwechsel), wie auch der Aufbau eines neuen Visierbildes bewirken, dass dies Zeit kostet und sich auf das Trefferergebnis auswirken kann.

Von der Zeit her kann man weiters versuchen, diese Übung auch ***unter 2,5 oder 2 Sekunden*** zu schießen! Wenn man diese Vorgabe schafft, dann ist man schon sehr weit vorne dabei!

Übung 3:

(wird auf 4 Ziele geschossen)

Vorbereitung:	Waffe geladen und geholstert.
Distanz:	1. Durchgang - 4 Meter.
	2. Durchgang - beginnend bei 2 Meter – dann „Rückwärtsgang"!
Ziel:	Siehe Bild Nr. 91!
Zeitvorgabe:	Auch die Zeit ist variabel.

1. Durchgang: (statisch)

Pos. 1	Pos. 2	Pos. 3	Pos. 4	Pos. 5
Stehend. Waffe geholstert. Arme hängen am Körper frei herunter.	Auf Signal: beidhändig **je 1 Schuss** auf das Rechteck links und rechts unten	**1 Schuss** auf das Rechteck in der Mitte	**1 Schuss** auf das Quadrat oben	4 Sek. 4 DG (16 Patr.)

2. Durchgang: (dynamisch)

Pos. 1	Pos. 2	Pos. 3	Pos. 4	Pos. 5
Stehend. Waffe geholstert. Arme hängen am Körper frei herunter.	Auf Signal im Rückwärts-gehen: beidhändig **je 1 Schuss** auf das Rechteck links und rechts unten	Im Rückwärts-gehen: **1 Schuss** auf das Rechteck in der Mitte	Im Rückwärts-gehen: **1 Schuss** auf das Quadrat oben	4 Sek. 4 DG (16 Patr.)

Zu Übung 3:

Bei dieser Übung sind wir an einem Ausbildungsstand angekommen, bei dem wir mit gutem Gewissen sagen können, dass wir mit dem Schießen mit einer Faustfeuerwaffe schon eher vertraut sind. Hier befinden wir uns nicht mehr im statischen Schießen, sondern hier bewegen wir uns - im wahrsten Sinne des Wortes - bereits im dynamischen Schießen!

Voraussetzung dafür sind natürlich nur positiv absolvierte Übungen, das heißt, dass wir die geschossenen Übungen nur dann positiv werten (logisch), wenn wir dementsprechende Treffer aufzeigen können.

Alles andere dient lediglich zu Trainingszwecken, schadet daher aber sicher auch nicht!

Beim 1. Durchgang dieser Übung schießen wir noch *statisch*, das heißt, dass wir unseren Standort bei der Schussabgabe nicht verändern.

Beim 2. Durchgang dieser Übung bewegen wir uns *dynamisch* nach hinten, sobald wir die Waffe zu ziehen beginnen! Das heißt, dass wir die Schüsse im zügigen *„Rückwärtsgang“* abgeben und währenddessen nicht (!) stehen bleiben!

Diese Übung beginnen wir bei etwa 2 Meter vor dem Ziel und bewegen uns während des Schießens zügig ca. 6 Meter nach hinten, oder im Winkel von ca. 45 Grad, wahlweise schräg nach links oder rechts hinten!

Bei der Abgabe des letzten Schusses sollten wir ca. 6 Meter vom Ziel entfernt sein!

Wenn man diese Übung sehr intensiv trainiert, so wird man bald merken, dass man mit der Zeit ein sehr gutes, bzw. sicheres Gefühl für vernünftiges Schießen bekommt!

Auch hier darf man erwähnen, dass gerade diese Übung einen sehr hohen Spaßfaktor mit sich bringen kann. Und das ist allemal legitim!

Bild 91) Beispiel für eine Trainingsscheibe zur Übung Nr. 3.

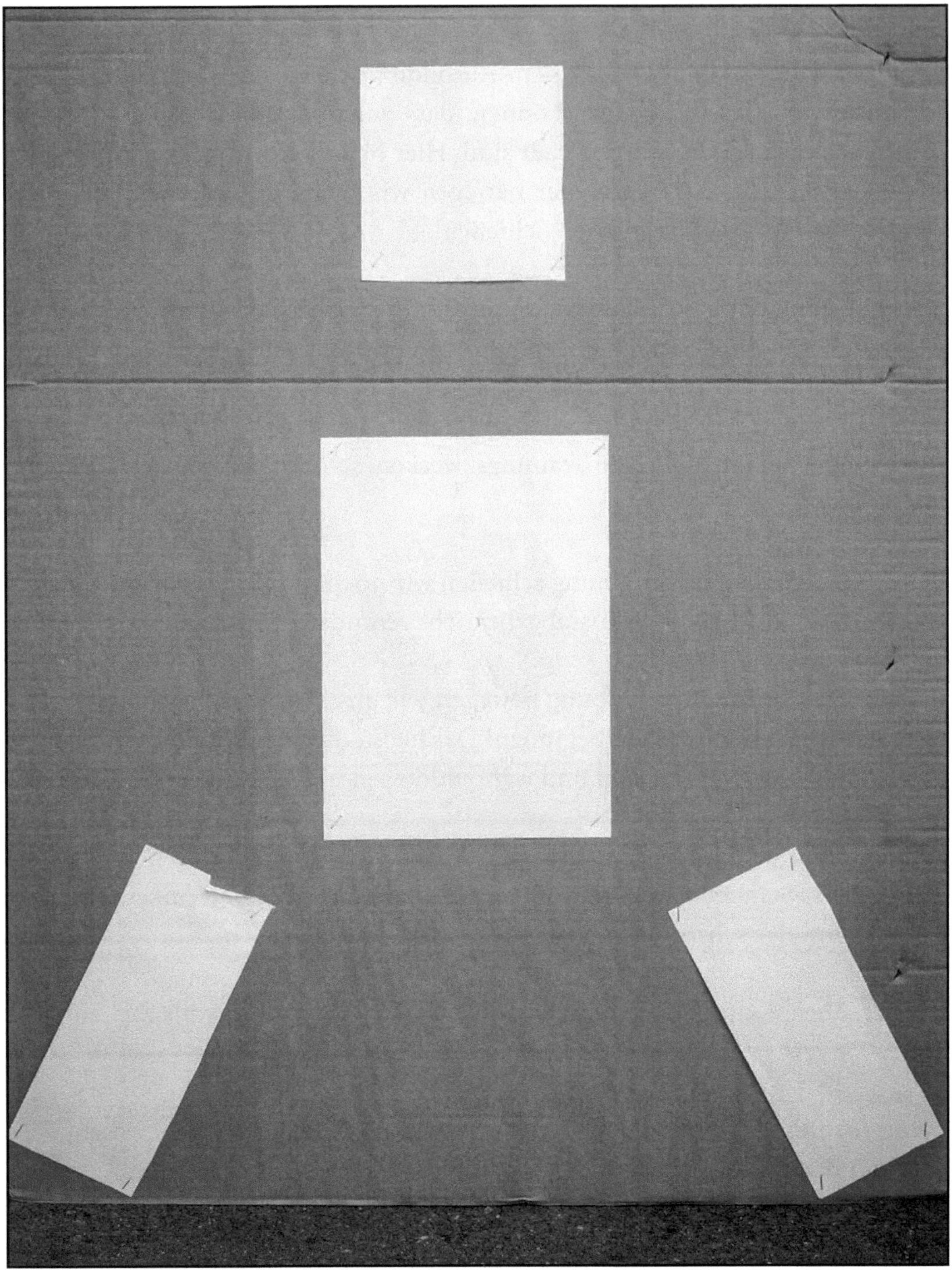

Eine von unzähligen Möglichkeiten sich Trainingsscheiben anzufertigen!

Übung 4:

(wird auf 1 Ziel geschossen)

Vorbereitung:	Waffe geladen und geholstert.
Distanz:	7 Meter (variabel)
Ziel:	DIN-A4 Blatt oder DIN-A5 Blatt.
Zeitvorgabe:	Auch die Zeitvorgabe ist variabel. Siehe unten.

Pos. 1	Pos. 2	Pos. 3	Pos. 4	Pos. 5
Stehend. Waffe geholstert. Arme hängen am Körper frei herunter.	Auf Signal: beidhändig **je 1 Schuss** auf das Ziel stehend	**1 Schuss** auf das Ziel kniend	**1 Schuss** auf das Ziel liegend	4 Sek. 5 DG (15 Patr.)

Zu Übung 4:

Bei dieser Übung geht es darum, nicht nur Treffer aus dem Stand heraus (statisch) zu erzielen, sondern auch unsere Körperhaltung innerhalb kürzester Zeit zu verändern (dynamisch). Auch bei dieser Übung wird es schon ein wenig schwieriger, vor allem auch aus dem Umstand heraus, dass man sie unter einer gewissen Zeitvorgabe schießt.

Eine Zeitvorgabe erzeugt Druck, dieser erzeugt Stress und das wird sich wiederum am Trefferbild widerspiegeln. Dem dagegenhalten kann man lediglich mit dauerhaftem, gut durchdachtem Training!

Selbstverständlich kann man diese Übung auch mit je einer Doublette auf ein Ziel schießen! Dabei bekommt die Übung ein wenig mehr an Pfiff und auch mehr Dynamik!

Auch hier darf man den Spaßfaktor ruhig erwähnen!

Übung 5:

(wird auf 1 Ziel geschossen)

Vorbereitung:	Waffe geladen und geholstert.
Distanz:	6 Meter (variabel)
Ziel:	Kreis mit 15 cm Durchmesser oder DIN-A5 Blatt.
Zeitvorgabe:	Auch die Zeitvorgabe ist variabel. Siehe unten.

Pos. 1	Pos. 2	Pos. 3	Pos. 4	Pos. 5
Stehend. **Rücken zum Ziel.** Waffe geholstert. Arme hängen am Körper frei herunter.	Auf Signal: einhändig **2 Schüsse** nach hinten **(Oberkörper-drehung)** Beinstellung beachten!	**1 Schuss** beidhändig auf das Ziel **kniend**.	**1 Schuss** (beidhändig) auf das Ziel **liegend**.	5 Sek. 4 DG (16 Patr.)

Erklärung zum Übungsablauf:

- Der Schütze steht in leichter Schrittstellung mit dem Rücken zum Ziel.
- Auf Signal wird die Waffe gezogen und der Oberkörper gleichzeitig so weit wie möglich nach hinten verdreht. *Siehe Bildfolge 84 – 89!*
- 2 Schüsse (Doublette) auf das Ziel abgeben
- ***Erst jetzt*** eine Kehrtwendung und Waffe mit beiden Händen erfassen -
- - und jetzt je 1 Schuss kniend und 1 Schuss liegend auf das gleiche Ziel.

Die Anzahl der Schüsse lässt sich bei allen Übungen natürlich individuell erhöhen!

Diese Übung wird richtig interessant, wenn man z.B. auf *3 verschiedene Ziele je 1 Doublette schießt!* Die Schussabgabe kann entweder nur im Stehen erfolgen, aber auch so, dass man die Körperhaltung (kniend, liegend) verändert.

Weiters kann man das Training steigern, indem man die Zeit z.B. von 6 Sekunden auf 4 Sekunden oder weniger heruntersetzt! Hier müssen die Bewegungsabläufe wirklich genau stimmen!

Übung 6:

(wird auf 4 Ziele geschossen)

Vorbereitung:	Waffe geladen und geholstert.
Distanz:	6 Meter (variabel)
Ziel:	Wie Bild Nr. 91.
Zeitvorgabe:	Auch die Zeitvorgabe ist variabel. Siehe unten.

Pos. 1	Pos. 2	Pos. 3	Pos. 4	Pos. 5
Stehend. **Rücken zum Ziel.** Waffe geholstert. **Hände hinter dem Kopf.**	Auf Signal: **Kehrtwendung** 2 **Schüsse** auf das linke Rechteck 2 **Schüsse** auf das rechte Rechteck	2 **Schüsse** auf das Rechteck in der Mitte	2 **Schüsse** auf das Quadrat oben	5 Sek. 2 DG (16 Patr.)

Auch diese Übung verlangt bereits eine sehr gute Waffenkontrolle und vor allem eine sehr hohe Konzentration des Schützen. Treffsicherheit ist hier Voraussetzung!

Erklärung zum Übungsablauf:

- Der Schütze steht mit dem Rücken zum Ziel, die Waffe ist geholstert.
- Nach dem Signal führt man eine Kehrtwendung durch (über die Waffenseite) und zieht danach die Waffe.
- Dann gibt man je 1 Doublette auf die oben beschriebenen Ziele ab.

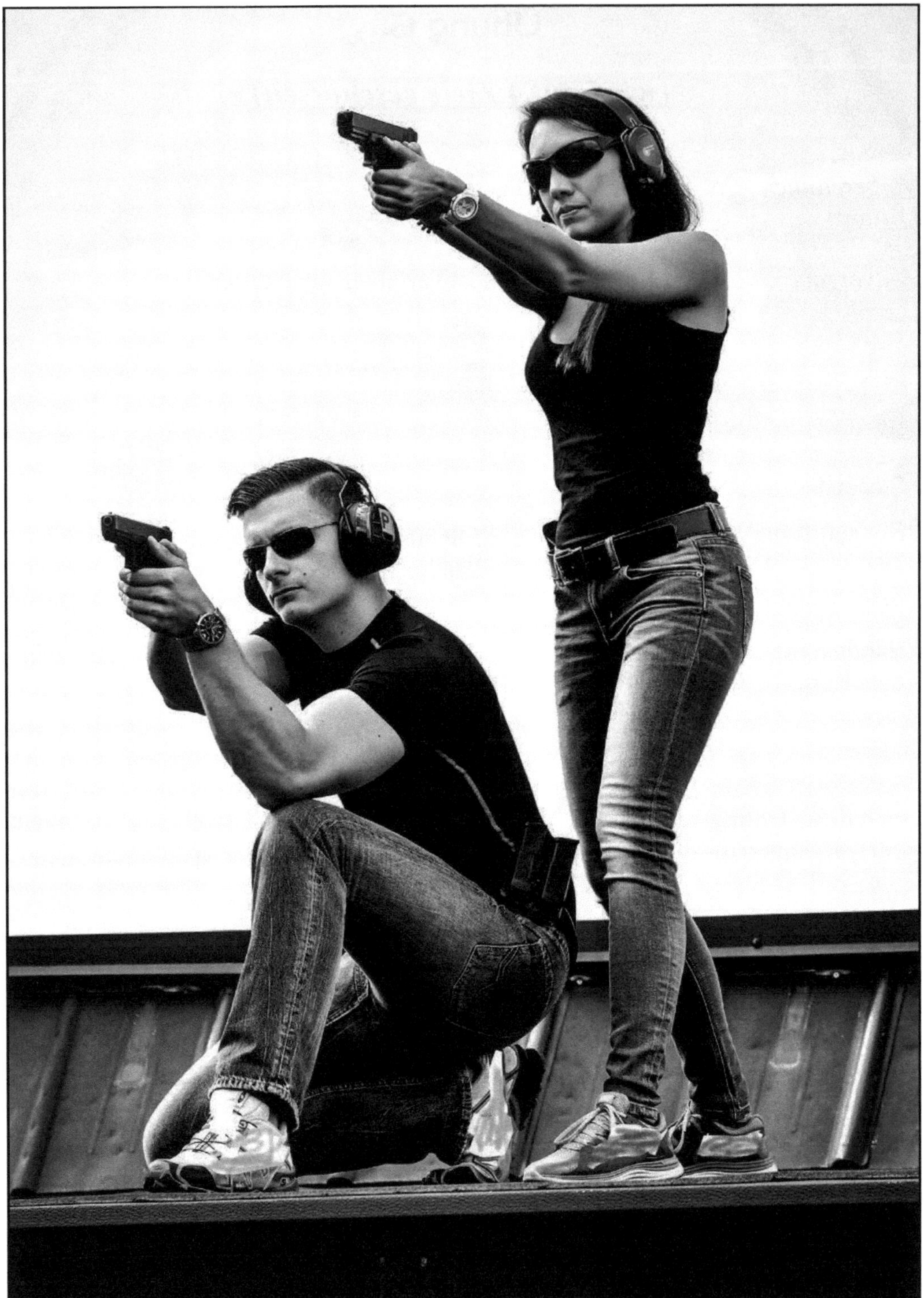

Die Darsteller in Aktion

Schlusswort

Schlusswort

Wir haben in diesem Buch nun einiges gesehen, dass uns eventuell motiviert, sich für den Schießsport in der einen oder anderen Form zu interessieren! Die Möglichkeiten dafür sind sehr vielfältig!

Die Bandbreite reicht vom gelegentlichen Hobbyschützen, bis hin zum professionellen Sportschützen! Welche Richtung man einschlägt, entscheidet man selbst!

Das Abfeuern einer Waffe bedeutet, dass man sich ständig vor Augen halten soll was es bedeutet, wenn ein Projektil unter hohem Druck den Lauf verlässt! Wenn wir hier den richtigen und vor allem den verantwortungsbewussten Ansatz von Anfang an geistig in die richtige Richtung lenken, werden wir sehr lange Spaß an diesem interessanten Hobby haben.

Drauflosballerei, und andere in Frage zu stellenden Handlungen beim Schießen bedeuten aus meiner Sicht, dass jemand in solchem Fall gut daran tut, die Finger von einer Waffe zu lassen!

Die Folgen von unüberlegten Handlungen beim Schießen sind von vorn herein absehbar! Wer diese Folgen von Anfang an nicht ernst nimmt oder einfach ignoriert, ist – das behaupte ich ganz bewusst – keinesfalls dafür geeignet, den zivilisierten, vernünftigen Schießsport auszuüben!

Schießen verlangt uns sehr viel an Vernunft, Verantwortungsgefühl, bei Bedarf eventuell körperliche Fitness, sowie Besonnenheit und eine positive Geisteshaltung ab! Wenn man sich beim Schießen an die bereits erwähnten Grundregeln hält, so kann man dabei sehr viele Jahre Freude daran haben.

Den/die Schützen(in) zum Erfolg zu führen,
ist das Ziel einer seriösen Schießausbildung!

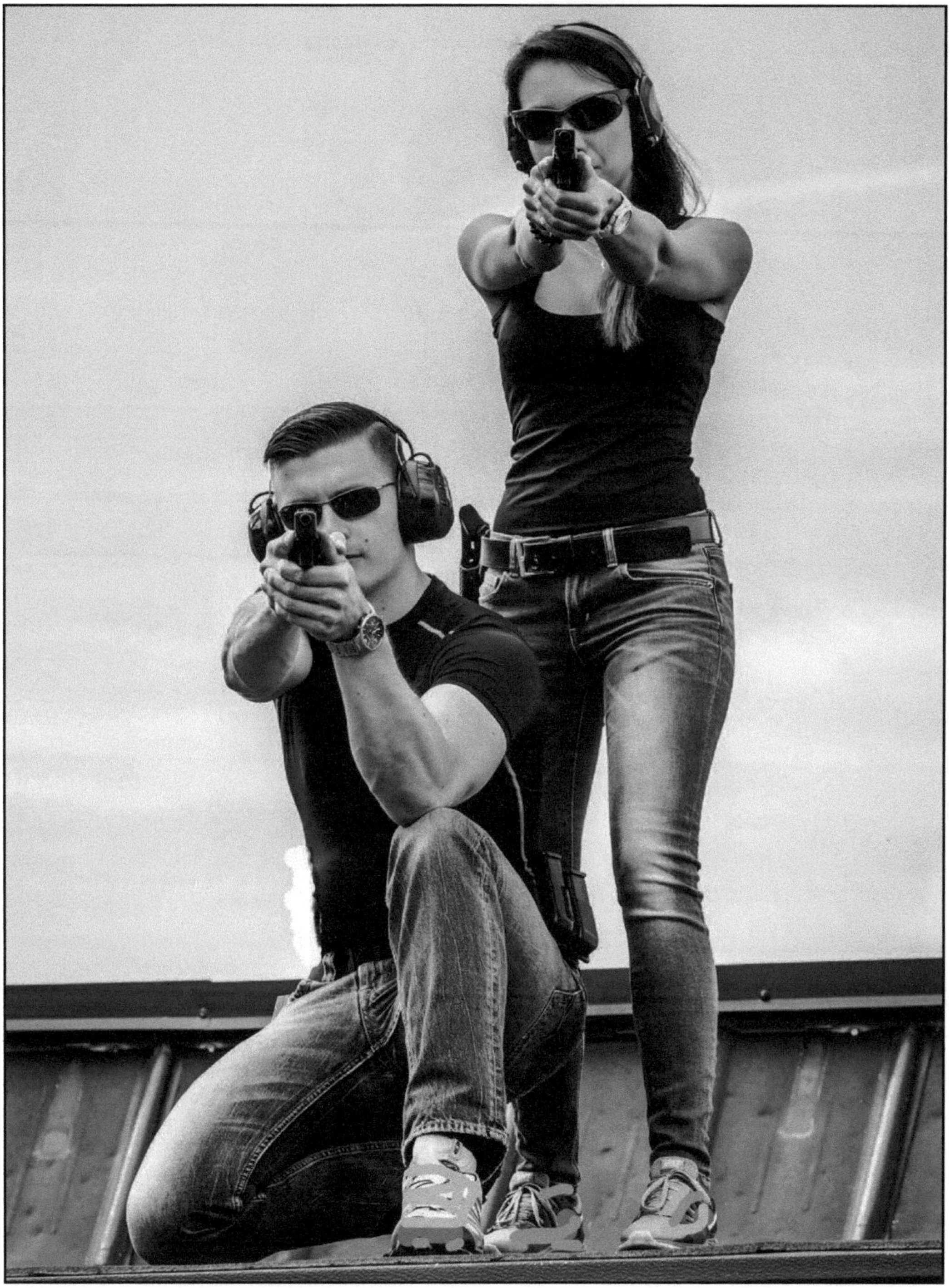

Ich möchte meinen Dank an die ***Fa. GLOCK GmbH*** zum Ausdruck bringen, bezüglich der Erlaubnis, Fotos mit meiner Pistole Glock 17C anzufertigen, um diese in meinem Buch zu veröffentlichen!

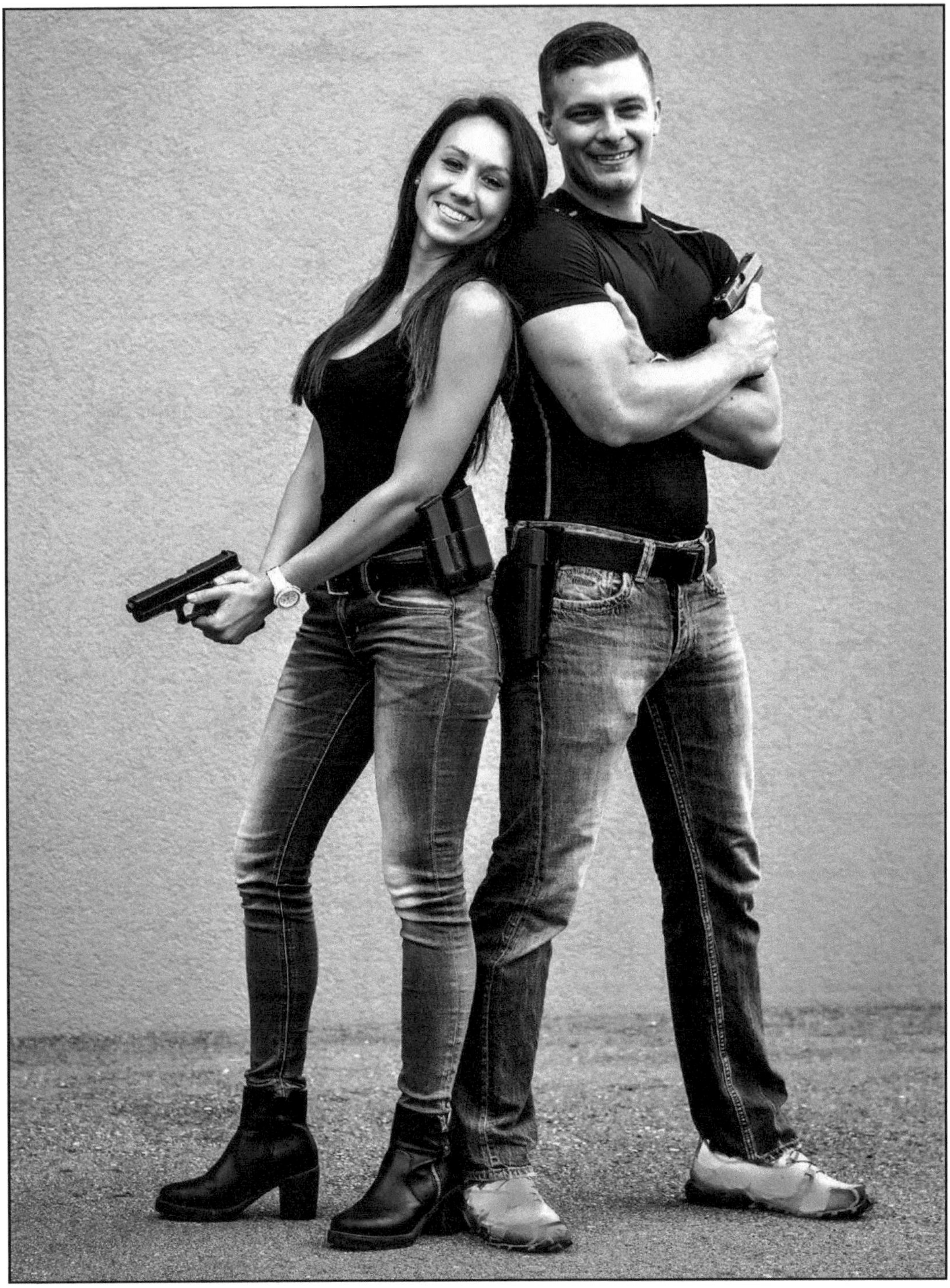

Ein großes Lob und mein aufrichtiger Dank gelten meinem ***Neffen Sebastian*** und dessen ***Freundin Alexandra***, die sich für die Fotoaufnahmen zur Verfügung gestellt haben! Beide üben den Schießsport aus.

Ein großes „Dankeschön“ an dieser Stelle darf ich auch meinem Fotografenmeister, Herrn ***Helmuth WEICHSELBRAUN*** aus Neudorf in Kärnten zum Ausdruck bringen!

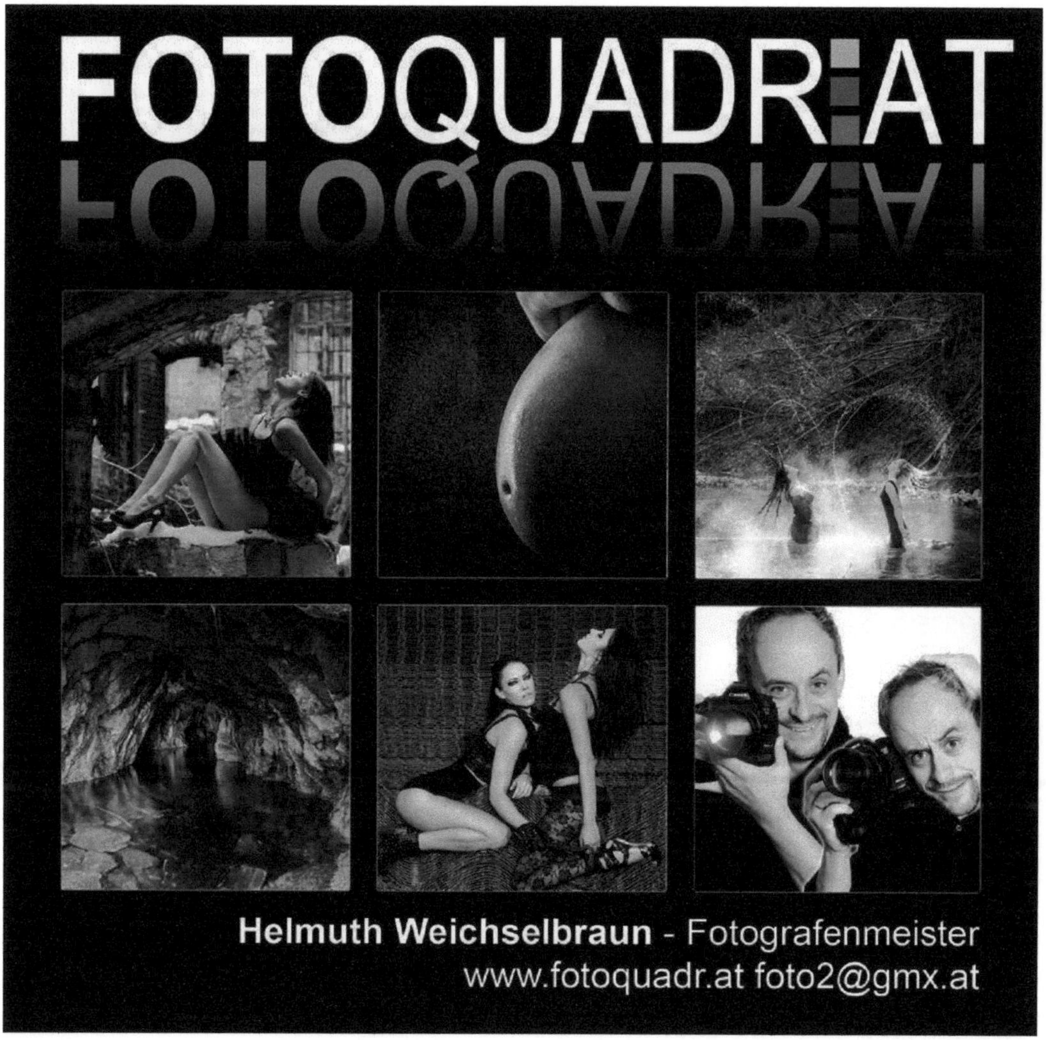

Als Unterstützer für die 1. Auflage meines Buchprojektes möchte ich der Firma ***Ing. Wolfgang BRUNNSTEINER***, konzessionierter Waffenfachhandel und Büchsenmacher in Leibnitz, meinen aufrichtigen Dank aussprechen!

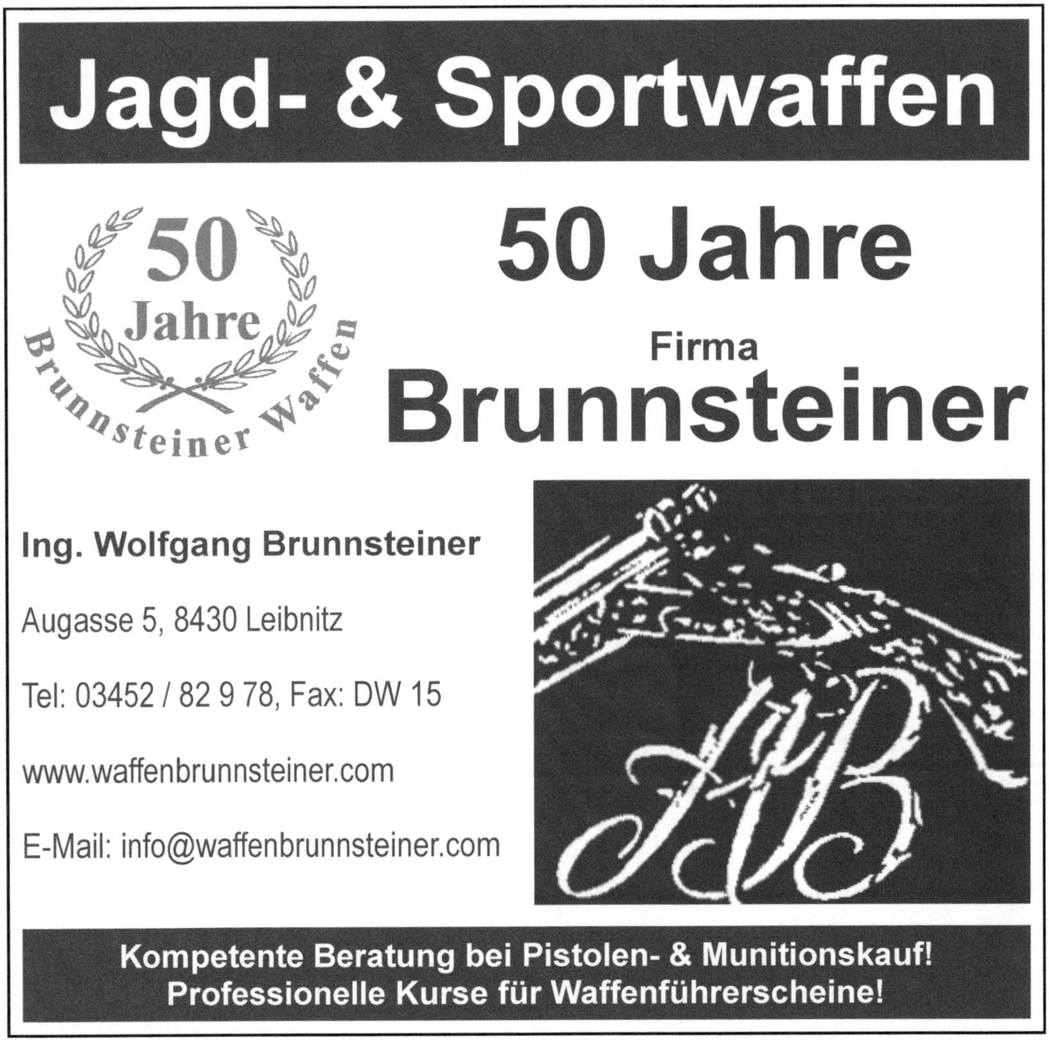